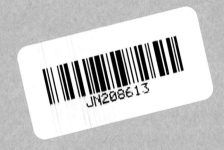

実務者なら知っておきたい

メンタルヘルスの基礎知識と運営のコツ

組織・業務・人材の整え方

下園壮太・伊藤 朗＝著

金剛出版

はじめに

企業，役所でもメンタルヘルスを重視しなければならない時代になってきました。

厚生労働省などの指針や法律に基づいて組織づくりや活動をしなければならないし，実際不調者による戦力低下を予防するためにも，メンタルヘルスの充実は避けて通れないテーマになってきています。

ところが，形は作ったがあまり有効に働いていない，というメンタルヘルス組織が多いのではないでしょうか。また，その担当に指名された人が途方に暮れていることも少なくないようです。

ほとんどの場合，担当者はメンタルヘルスの専門家ではないし，メンタルヘルスの専門家を連れてきても，組織や計画づくり，業務運営，人材育成などについては素人のことが多い。

ぜひ有意義な活動にしたいと思っていても，そもそも，企業に必要なメンタルヘルスとは何かも，どうすれば効果的になるのかも，わからないまま進めているのではないでしょうか。

本書では，メンタルヘルス部門に携わる人が，この業務の本質をきちんと理解し，真に企業や従業員のためになる活動にするための，現実的な考え方やコツを紹介していきたいと思います。

ここではメンタルヘルス業務に関わる人をまとめて「メンタルヘルス実務者」と呼んでいます。それぞれの企業体の中でさまざまな役割分担があるかもしれませんが，中小企業で一人でメンタルヘルス業務を担う人をイメージしてメンタルヘルス業務の進め方を一《いち》から紹介していきます。

まず，第１章において，メンタルヘルスの意義が今日的にどのように変化しているかを概観します。

第２章から第４章では，メンタルヘルス実務現場の特性を整理し，そこで活動する実務者に必要とされる知識とスキルについて解説します。特に第3章でお伝えするメンタルについての基本的知識や第4章で紹介するコミュニケーションスキルは，メンタルヘルス実務者だけでなく，日ごろから部下とのコミュニケーションで悩む管理職層の方にもぜひ読んでいただきたいところです。

第5章・6章からは，いよいよ計画づくりです。ここでは特に目標を持つときの考え方について，重点的に解説します。

第7章では，これらの施策を運営するための組織（人材）づくりについて，第8章で運営の実務について具体例を用いて提案していきたいと思います。

そして最後の第9章では，著者たちが経験した，または多くの仲間たちとの情報共有の場から得られた個別ケースの対応のポイントを紹介しました。

本書では，現場をできるだけイメージアップしてもらえるよう，対話形式や事例を多用しています。登場するケース，組織などは，すべて架空のものであることをご了承ください。

企業主，メンタルヘルスの担当役員，実務担当者だけでなく，ライン上でメンタルヘルスにかかわるすべての方々は，「同じ苦労をして実施するなら，より効果的な，みんなが恩恵を感じられるメンタルヘルス業務にしていきたい」と思っているはずです。

本書が，そんな方々の活動の補助線となれば幸いです。

目次

コラム

実務者なら知っておきたい

メンタルヘルスの基礎知識と運営のコツ

組織・業務・人材の整え方

第1章 企業（会社や役所を含む）にとってのメンタルヘルスの意義

メンタルヘルスの意義の変化

そもそも企業にとってのメンタルヘルスとは何なのでしょう。

厚生労働省によると，「メンタルヘルスとは体の健康ではなく，こころの健康状態を意味します」とあります。つまり，「心の病気ではない状態」のことです。

一方，世界保健機関（WHO）では「自身の可能性を認識し，日常のストレスに対処でき，生産的かつ有益な仕事ができ，さらに自分が所属するコミュニティに貢献できる健康な状態」と定義しています。メンタルヘルスという言葉だけでも，いろいろな定義，広がりがあります。学術的な定義とは別に，メンタルヘルスにかかわる現実的な動きも押さえておきましょう。

筆者たちは，30年以上メンタルヘルス分野で活動してきましたが，企業におけるメンタルヘルスが注目されてきたとき，当初は，ストレス対策，精神疾患対策，自殺予防などの機能として考えられていました。弱いメンバーを救う，どちらかというとリスクマネジメントの一つという位置づけです。しかもそのリスクはあまり大きいとは感じられていなかったので，理想は謳われても，どうしても，その整備や実施には力が入らないものでした。基本的には，個人の健康トラブルを会社が善意で支援するというような雰囲気でしかなかったのです。

ところが，1980年頃から，会社でメンタル不調になる人が増え，過労死が問題になり始めました。実際にストレスが増大していることと，メンタルの不調を訴えやすい状況になってきたこととの相互作用です。企業によっては，後述する第2段階職場（p.87），つまり従業員がギリギリの状態で何とか回している状態の職場が出現し始めます。従業員を使い捨てのように扱う企業は，2010年頃にはブラック企業と呼ばれ始めました。

そのうち，メンタルヘルスの問題を社会が取り上げ始め，会社としてももっと前向きに取り組まなければならないという風潮になってきました。訴訟などで会社が負け，報道されることもしばしば起こりました。精神疾患が労働災害（以下，労災）の大きな部分を占め，厚生労働省は「労働者の心の健康の保持増進のための指針」（2015年11月30日改正，以下，指針）においてメンタルヘルスケアの基本的考え方を示し，ストレスチェックなどの制度が確立してきました。2016年には自殺対策基本法も改正されました。

また，「個人」を守るという観点から一歩進んで，ストレスによる「企業」のパワー低下を予防するための機能としても注目されるようになってきています。つまり人的なコストやモチベーション管理としての側面への注目です。うつ病による社会経済的損失は約2兆円に上るなどの試算も出されています。

一方，多くの企業は，いまだにリスク管理のために「やらされている」感を持ってメンタルヘルスに取り組んでいるのが実態ではないでしょうか。企業での自殺などがマスコミなどに取り上げられても，「その企業のやり方が悪いから，なるべくしてなった。自分の企業ではそんなことはない」という対岸の火事のような認識の企業が多いようです。

時代の変化によりメンタルヘルスの重要さがアップ

ところが，昨今，メンタルヘルスの問題が劇的に企業に影響するようになってきました。企業存続にもかかわる非常に大きなテーマになりつつあるのです。単なるコンプライアンス，法的問題から，いわゆる人としての善意がなければ，社会から認められなくなるというインテグリティの問題として変容しつつあるのです。リスク管理とモチベーションアップの2つの側面でいえば，リスク管理の要素が非常に拡大しつつあります。例えば，パワハラの問題は，これまでは人事や法律で決着していました。ところが，昨今は被害者が企業の裁定に不服を感じたとき，SNSなどを通じて，企業の不備を糾弾することができる時代です。

コラム

インテグリティの時代

コンプライアンスは一言でいうと，法令順守のことです。2000 年代半ばから注目され，特にこの 10 年はコンプライアンスの軽視は，経営リスクにつながるという認識も強くなり，企業内でも教育が進んできました。

また，コンプライアンス自体も，単に法令を守りさえすればいいというものではなく，近年になって企業が社会から求められる倫理観や公序良俗を守ることも含まれてきました。

この流れが強調された概念が，インテグリティ（Integrity）です。

インテグリティ（Integrity）は，「清廉」「真摯」「高潔」を意味し，ビジネスでは一般的に「誠実さ」や「真摯さ」を指す表現です。

時代の変化に合わせ，多くの企業が単なる法令順守だけでなく，もう一歩進んだ「誠実さ」や「真摯さ」の方まで重視するように変わりつつあります。法律で問題がなくても，倫理上の観点から世論から強く非難されることで，企業経営が危機に陥ることが現実になってきているからです。

2023 年以降，自治体首長のパワハラ・セクハラ，陸上自衛隊のセクハラ，ジャニーズのセクハラ，ビッグモーターのパワハラ，宝塚歌劇団の自殺，ENEOS のセクハラなどが顕在化し，組織体や企業（以下まとめて，企業）の存続につながる大問題となっています。つまり，円相場や紛争，感染症などと同じレベルでメンタルヘルスでの対応の失敗が，企業の存続にかかわる時代になってきたのです。

筆者たちは，大きな企業でセクハラ・パワハラなどのさまざまなメンタルヘルス事案に携わってきました。個人と企業が対立する中でも，個人のメンタルヘルスをきちんとサポートする姿勢や態勢が整っていれば，個人がいたずらに企業に敵意を向けることは，ほとんどの場合防げるはずだと考えています。メンタルヘルス機能が，会社側に立つべきか，個人側に立つべきかという2局構造ではありません。個人に対する上手なメンタルヘルスケアをすれば，お互いが何とか納得できる妥協点にたどり着きやすくなるのです。

一方，権利や規則，倫理などを盾にとって，理屈で弱者を制圧する手法をとると，今や発信力を持つ個人が会社への反撃に打って出ることは，これまで以上に多くなるでしょう。

さらに，ストレス増加という側面にも目を向けなければなりません。AIの発達によって私たちの生き方，働き方が大きく変化しています。変化はストレスです。しかもその変化量がすさまじいのです。

また，外国からの労働者を受け入れる際には，コミュニケーションや文化の差がもたらすストレスがあります。もっと大きな視点で，地球温暖化，戦争，災害，コロナなどの疾病による危機は，これからもずっと企業とその従業員を脅かしていきます。

これからの時代，ストレスはもっと増大していく傾向にあることを意識しなければなりません。それらのストレスに上手に対応していかないと，企業の活動が危うくなります。さらに時代は，少子高齢化です。若い労働力を確保していきたいものですが，若者はメンタル重視で会社を選ぶようになってきています。まずは，トップがこの時代の変化をきちんと把握し，実のあるメンタル企業の構築と運営に，強い関心を持たなければならないのです。

コラム

こんなメンタルヘルス組織になっていない？

- 厚労省の指針等に基づき，計画や組織は作ったが，開店休業のような印象。何をしているのかもわからないし，あまり具体的な効果を感じない
- 法律で決められたストレスチェック，面談，教育，メンタル障害者の雇用などを実行しているが，それが従業員にとって，逆にストレスになっている気がする。つまりメンタルヘルス実務者の業務が，ストレスを軽減するどころか逆にストレスを生んでしまっている
- 面談やきめ細かな業務，時間管理，報告等を求められ，とにかく忙しい中間管理層がメンタルヘルス業務でさらに忙しくなっている
- できるだけ意思決定のできる会議にしたくて，上層部によるメンタルヘ

ルス会議を設置したが，復職の決定や，事案対応のために迅速な対応が必要なとき，会議の招集に日程がとられ，遅れがち。会議があるためにメンタルヘルス業務が進まない

- メンタルヘルス業務に追われ，担当者がメンタル不調になる
- メンタルヘルス施策を充実し，働きやすくストレスも少なくなったが，その結果，会社の業績が上がらず，経営が危うくなった
- メンタル不調を見つけることができても，復職が個人任せで，退職者が多い
- 産業医が機能していない（いない，行動してくれない）
- メンタルヘルスの相談をすると，すぐ人事に情報が流れ，希望しない配置・勤務になる
- メンタルヘルスは重視しているとホームページに書いてあるが，実際は昭和のパワハラ文化が強く残っている
- 情熱のあるメンタルヘルス実務者がいるが，一人で空回りしており，頼りにならない

メンタルヘルス実務者になったら（心構え）

メンタルヘルス業務は本来幸せな仕事

メンタルヘルス実務者になったあなた，希望した，しないのいずれにせよ，「ラッキーだ」と思ってください。私たちの経験では，メンタルヘルス業務は人から感謝される，とてもやりがいのある仕事なのです。例えば人事は，上手にやったとしても感謝されにくく，昇進した人からでも「遅かった……」などと言われたりもします。営業などは，目標達成時にはやりがいを感じられますが，お祭り騒ぎのような一体感はあっても，本当に直接人から感謝されるという体験はそれほど多くはありません。それらに比べると，メンタルヘルス業務は，困っている人を直接支援できます。そして，どんどん元気になっていく姿を見ることができます。そのうえ，直接，感謝してもらえることが多く，これらは仕事冥利に尽きる，素晴らしい体験です。

ただし，それは業務を「うまくやってこそ」で，どうすればうまくやれる

かについては，誰も教えてくれません。他の業務のように先輩や同僚がたくさんいるわけでもなく，もしかしたら，あなたが初めての担当者かもしれません。仕事の事例もない。しかも，本章の冒頭でお話ししたように，メンタルヘルスにかかわる世の中の情勢は激変している……。

そこで，実践経験値がある私たちから，企業におけるメンタルヘルス業務を「うまくやる」コツをお伝えしますので，ぜひ参考にしていただき，メンタルヘルス業務のすばらしさを実感してほしいと思います。

メンタルヘルス実務者のアイデンティティの確立

メンタルヘルスの仕事を始めると，始めのうちはいろいろ悩む場面に遭遇します。中でもできるだけ早く整理しておきたいのが，「自分は何者か，何の仕事をしているのか」というアイデンティティの問題です。

人は正しいことをしたい生き物です。ただ，メンタルヘルスの活動の中には，いろいろな「正しさ」があり，アイデンティティが確立していないと，自信を持って仕事ができなくなってしまいます。

- 他者を支援する「人」としての正しさ
- メンタルケアの専門家としての正しさ
- 企業人としての正しさ
- 自分自身の健康や家族を守るときの正しさ

また，いくつかの正しさの中で，葛藤する場面も少なくありません。

例えば，

- 周囲が扱いに困る人を，復職するための支援をするか
- ハラスメントや不正をした人の支援をするか
- 不調者は退職したいのに，会社は残ってほしいと思っているとき
- 会社からこの人は辞めさせてほしい雰囲気を感じるとき
- メンタル不調者の考え方を企業に沿うように変えてほしいと依頼されたとき
- 支援していた人，周囲の人，家族などから攻撃されたとき
- 従業員の家族・親族・恋人等への支援の必要性を感じたとき
- 時間外の支援が必要だと感じたとき

などです。

これらは大変難しい問題ですが，一つ言えるのは，本書では企業のメンタルヘルスを取り上げているので，例えば保健所や精神保健福祉センター，病院などのように，単純に個人のメンタルヘルスを支援するものではなく，「企業の運営に資するメンタルヘルス」を仕事とする役割であることを忘れてはいけないということです。あくまでも，企業人の立場を優先します。一方で，企業と個人の力関係でいうと個人は不利で，不当に扱われる可能性もあります。そのような場面では，個人寄りの支援が必要な場合もあります。

また，第３・４章で紹介しますが，メンタルヘルスをサポートする際は，不調者の味方にならないとうまくいかないものです。ここで言う味方とは，行動を支援するものではなく，「感じ方や考え方を否定しない人」ということですが，いずれにしても本人寄りのサポートになります。現実には企業と不調者の「Win Win（ウィンウィン）（どちらにも利がある関係)」を目指しながら仕事をしなければならない，極めてバランス感覚が重要な仕事です。多くの事例を経験し，そのたびに悩み，先輩などに相談しながら，自分の立場を次第に確立していかなければなりません。

このとき，もう一つの試練があります。既存の決まりやルールに対し，柔軟に対応する必要があるということです。

例えば，メンタルヘルスのサービスは「社員にのみ提供する」というルールをもつ会社で，社員がストレスから自死したとします。その妻子や両親は強いショックを受けますが，ルール通りならメンタルヘルス実務者は，ご家族を支援できません。しかし，そのままだと，家族が訴訟を起こすかもしれませんし，他の従業員も「自分も同じように使い捨てにされる，残された家族へのケアもない」と感じると，働く気がなくなるでしょう。そのようなとき，トップや上司が認めてくれればいいのですが，もしそうでない場合でも，私たちは，ご家族の支援をするかもしれません。その場合は，仕事の枠を超えて個人で支援するのです。「人助け」はだれにも止められません。

これは極端な例ですが，いろいろな事象の中で，さまざまな制約があると，真剣に臨めば臨むほど，どうしても実務者の「覚悟」が問われる場面もあるのです。私たちは，そういう業務は尊いと思います。誰かがやるべき仕事なのですが，誰にでもできることではありません。例えば，死刑を宣告する裁判員，余命を告げる医師，中絶を支援する助産師，災害時にルールを破ってガソリンを民間車両に給油した自衛官，要請がないのに災害派遣に出動して批判を受けた連隊長など，葛藤を乗り越え，信念ある行動をとりました。これらは本当に尊い仕事だと思います。

ただ，現実にはそのように実務者が単独で責任を取ることがないようなシステムを作っておく必要があります。組織づくりの項目（第７章）で細部をお伝えします。

業務の進め方の重要ポイント

業務の進め方については第５章以降でお伝えしていきますが，とても重要なポイントについては，まずここで概要をお伝えし，その後も機会あるごとに，説明していきたいと思います。

提示された仕事に追われていては良い仕事はできない

多くのメンタルヘルス実務者は，厚生労働省の指針をもとに業務を進めていると思います。しかし，経験はないがやる気は豊富な人がこの分野の業務を始めると，厚生労働省などの指針，他社の動きなどを見て，「自分の会社にはこれが足りない」という発想で,業務を増やしてしまうことがあります。結果として，指針に示された業務に追われているのではないでしょうか。ところが，成果は？　と問われると，あまり効果的に機能していないような気もします。

せっかく，大変な思いで仕事をするのだから，実があるようにしたいものです。指針をそのまま実現することが目的ではなく，メンタルヘルスを向上させることが目的なのです。

指針以外のこと，指針を越えたこと，指針に反すること（指針に示されたことをやらないこと）も，きちんと現場を見て，実施するべきです。指針はあくまでも方向性であって，規則ではありません。指針にも「指針は，原則的な実施方法」であり，「衛生委員会等において十分調査審議」し，「事業者が労働者の意見を聴きつつ事業場の実態に即した取組みを行うことが必要」とあります。示されたことをただやればいいというものではないのです。指針通りに進めることを意識しすぎると，硬直化してしまい，本当に従業員や企業のためになっているのかわからなくなってしまうのです。

目標や方向性は自分で作っていく意識（主導的に動く）

では，指針を参考にしつつ，自ら考察して行動していくにはどうすればいいのでしょうか。

本書では，目標を決め，計画を作り，実行し，評価するという手順を紹介しています。本来，目標と計画の大筋は，企業の上層部が示すものです。ところが，メンタルヘルスについて十分な知識のない方がほとんどなので，上層部から重要事項が示してもらえないのが一般的です。のちに企業の方針として採用されることになるかもしれませんが，スタートはメンタルヘルス実務者が，主導的に目的を分析し，計画を立てていくのです。

大きい企業に勤めていると，このように一から考察する機会は少ないものです。ほとんどの人が，上から何らかの方針が示されるものと思っていますが，上司も，産業医も，厚生労働省も，この会社ではどうするべきかを示してくれません。それを考察し，実行し，修正していくのがメンタルヘルス実務者の大きな仕事の一つなのです。

具体的には，第5・6章で解説しますが，自企業が必要とする，有効に機能するメンタルヘルスについて，何を目的に，どんな内容を，いつ，誰に対して，どのような体制で，どう届けていくかを5W1Hで考察していきます。

人事は遅効性・継続性

メンタルヘルスは人事の一機能とみることができます。人事は，人の心を扱うものです。人の心が動くにはかなりの体験が必要で，どうしても時間がかかります。人事施策で，あることを改革しようとすると，それが効果を表すまでにかなりの時間がかかる，ということを表すのが「人事は遅効性」という言葉です。遅効性ゆえ，変革の後早すぎる評価をすると，積み上げが全くできなくなります。効果はすぐに見えないので，ある程度は辛抱してから評価していきます。例えば，3年，5年と継続してからの評価です。このことを「人事は継続性」といいます。

例えば，もしあなたやあなたの上司が，非常にやる気を持って，メンタルヘルス業務についたとします。まずは会社の現状把握をするでしょう。この時，問題点（不満の声）を把握しても，すぐに変えようとしないことが重要なのです。

人事は遅効性。もし前任者がいるのなら，今の組織，制度，やり方が生まれた経緯を聞くべきです。

- 例：ダメな産業医でも，数年前，ようやく産業医を見つけたという経緯
- 例：あまり実の上がらない内容でも，このテーマでようやくメンタルヘルスの講義に出席してくれる人が増えてきたという経緯
- 例：相談者が少なく，カウンセラーも暇そうにしていても，ようやく口コミで知られ，相談する人が増えつつあるという経緯

情熱があるからと言って，すぐに変えると，これまで積み上げてきたもののバランスが崩れ，逆に従業員たちの信頼を失うこともありえます。営業や制作，ロジスティクス（以下，ロジ）などの分野の改善の方法とはすこし違うのです。

実務としては，問題を把握し，観察し，変える必要があれば，1年後に変えるぐらいのつもりで臨むといいでしょう。

OODA ループ，試行錯誤のスタンス

もう一つ覚えておきたいのは，人事はOODA ループ（試行錯誤）で，ということです。人事は，現状を把握し，分析し，計画してもうまくいくとは限らないのです。これも例えば制作ラインの問題点を分析，改善するなどのように単純には進みません。メンタルヘルスにはいろいろな要素がかかわっているので，やってみないとわからない，という部分が大きいのです。事前の分析や研究・考察に時間をかけてもあまり意味がありません。大きな流れを把握したら，少し動かしてみて，その反応を見るのです。

しっかり情報収集して，原因を分析し，計画を練って行動するのがPDCAサイクル（p.22コラム参照）と呼ばれますが，今紹介した，まずはよく観察し（Observe），ポイントにあたりをつけ（Orient），行動を決め（Decide），実行する（Act）というOODA ループ（試行錯誤）の感覚で仕事をするのです。OODA ループは通常，環境変化の激しいときの開発に使われますが，人事の場合，遅効性・継続性と合わせて，少し長期スパンの試行錯誤を意識するといいと思います。

メンタルヘルス業務はあくまでも本業のサポート

メンタルヘルス実務者になると，メンタルヘルスの重要性を認識しすぎて，メンタルヘルスを最優先して考えてしまいがちです。しかし，会社には本業があり，メンタルヘルスはあくまでも企業維持のためのサポート手段でしかありません。メンタルヘルスを充実するには，時間と労力，資金が必要で，もちろんそれらをつぎ込めばつぎ込むほど良い施策ができます。しかし，その結果，メンタルヘルス業務が必要以上に肥大し，本業を圧迫することになっては本末転倒です。どれぐらいのメンタルヘルス組織，どれぐらいの活動量にするかは，バランス感覚で判断する必要があります。

施策はそれ自体でメッセージを発信します。つまり，パワハラを完全に予防すればするほど，上司が委縮し，動かない部下が増えたり，下が上の言うことを聞かなくなるリスクは上がります。あくまでも，本業をサポートする機能であることを認識しながら，何を目標に，何をどこまでやることが，企業の総合的利益になるのかをクールに分析し，かつそれをトップに上手にプレゼンテーションし，理解してもらわないと，トップからの支援はもらいにくいものです。トップがうっすらと，「メンタルヘルス業務って会社の足を引っ張る機能だ」と考えていると実が上がりにくいものです。

実務者はバランサーで

バランス感覚が必要なのは，施策を作るときばかりではありません。メンタル不調者への個人のケアの場面でも，バランス感覚が欠かせません。特に復職の際は，無理をさせないことと，少し背中を押すことのバランスが重要です。

また，メンタルヘルス業務は，多方面と調整しながら進める仕事です。かかわる部署，機能，人材が多くなるので，それらを上手に動かしていく必要があります。例えばある人の復職を支援するとき，さまざまな人が連携しなければなりません。いわゆるメンタルヘルスチームとして活動します。あなたがそのチームのリーダーなら，ある程度強力なリーダーシップをとることによってまとめることができるでしょう。しかし通常は，各部署が，それぞれの思惑に従い勝手に動くものです。それぞれの部署は，メンタルヘルス主体で考えてはいないのです。そこで，人間関係に長けたメンタルヘルス実務者が，上手にバランスを取って，そのチームの活動が企業と従業員のためになるようにしなければならないのです。

また，何かの実務を進める際でも，個人の立場，職場の立場，メンタルヘルスチームの立場，上司の立場，同僚の立場，家族の立場などさまざまな人々がある程度満足できる，いわゆる「落としどころ」を探らなければならないのです。本書では「Win Win（ウィンウィン）」と表現しているところもありますが，けっして皆が満足できるようなものではなく，それぞれが不満は残るが，なんとか受け入れられる範囲での，いわゆる妥協点を探ります。バランスをとるというのは，状況に応じて対応を変えるということなので，かなり難しいことですが，メンタルヘルス活動を進める際は，とても重要なポイントになると私たちは感じています。

まずは自分のメンタルヘルス

このようにかなり気を使いながら，自ら主導して，新しい業務を進めます。しかも弱っている方をサポートする仕事なので，どうしても力が入ります。すると，自然にオーバーワークになりがちです。まずは自分のメンタルヘルスから始める意識を持ってください。「必ず達成すべき」より「できることをやればいい」と，言うぐらいの意識でやるとよいでしょう。

自分を大切にしながらも，業務も大切にする，そんなワークライフ・バランスにおいても，皆さんのお手本になるように頑張ってください。

コラム

PDCA サイクルと OODA ループ

PDCA サイクルはビジネス社会に入ったら，叩き込まれる仕事の進め方の概念でしょう。上位目標を受けてそれを達成するために自分の担当範囲の目標までブレイクダウンし（Plan），そのあと実際に行動しながら（Do），その行動が目標達成に向けて有効に機能しているか確認し（Check），問題なければそのまま続け，改善すべきところがあればやり方を変更する（Act）というサイクルを回すことです。

一方，OODA（ウーダ）ループは，O（Observe：観察），O（Orient：

状況判断），D（Decide：意思決定），A（Act：実行）の頭文字からとったものです。

PDCA サイクルは目標がスタート地点として明確になっていて，多くの場合それが数値目標になります。短期目標に限らず中長期的な視点も取り入れることで企業が成功に導かれることが期待できます。

OODA ループは Observe（観察）と Orient（状況判断）に重点をおく考え方で，サイクルではなく小さなループを描きながら何度も状況に合わせた対応を繰り返すという方法論です。「やりながら考える，試行錯誤を重視する」アプローチです。

人事総務担当者の顧客は従業員で，いろいろなタイプの人間と接するわけです。しっかり観察していると同じ人間でも昨日と今日では違った側面が見えることもあります。日の出を見ていると昇ってくる太陽の時間や場所，空の明るさが微妙に違ってくるのと同じです。その変化に合わせた対応が求められるのです。

これまで通りに PDCA サイクルで，従業員のあるべき姿を勝手に目標設定して，そこまで引っ張って行こうとしても，なかなか行きつかないで双方が悩む結果になります。

以下に架空の事例を記します。

電気製品販売店の店長に昇格した H さん，初めての店長業務に忙しい毎日を送っていました。その業務の一つに「第 2 種衛生管理者」の資格取得を義務付けられていました（受験費用は会社負担）。他の店長たちも皆持っている資格なので，特に資格取得のための勉強をしなくても平気だろうと高をくくって受験したところ不合格になってしまいました。これまで，不合格者が出たことがなかったので，驚いた資格取得担当者は，H さんに対して資格取得のための計画書の提出を求めました。H さんは忙しい毎日を送りながらも，計画書を作成しました。半年後の試験に向けての計画（Plan）は，当初は帰宅後毎日 30 分，過去問に取り組むというものでした。確かに 30 分ならできそうですし，半年あれば過去問題集を 3 回はやれそうでした。しかし，最初の 3 日くらいはできましたが（Do）日々の業務は忙しく，帰ったら眠くて過去問をやる気にもなれません。心配になった資格取得担当者がHさんに確認したところ（Check）計画どおりにすすんでいないことがわかり，協議して，帰宅後ではなく出勤30分前に勉強時間を設けることに変更することにしました。これがPDCAサイクルです。

一方，OODAループの方法論で考えるとき，一番時間をかけるのはO（Observe：観察），O（Orient：状況判断）の2つです。資格試験勉強をするにあたって障害となること，逆に有利なことなどをなるべく多く事前に予測して，そこから一手目を考えるのです。

まずHさんの現状を詳しく見てみます。

帰宅後に勉強するとしても，今のHさんの残業時間を考えると難しそうです。また，Hさんには，5歳と2歳の子どもがおり，妻も働いているため，朝はHさんが5歳の長男を保育園に預けています。朝に時間を作ることも難しそうです。一方で，週末は妻の仕事も休みで，妻にも余裕がありそうです。こんなことを二人で考察したところ，とりあえず一番できそうな，奥さんに協力してもらって，休日の勉強時間の間は子どもと外出してもらうことに決定してD（Decide：意思決定）やってみることにしました。A（Act：実行）。

1カ月の間，その方法ですすめてきました。様子を聞こうと資格取得担当者がHさんに連絡したところ，勉強は予定通り進んでいるが，何だか妻に申し訳なく感じるようになったとのことでした。その状況を踏まえてまた二人で協議して，奥様と子どもは家に残ってもらい自分が図書館に行って勉強することにしました。これがOODAループです。

人を支援するとき，あるべき姿を固定しすぎると，修正を繰り返して時間がかかることになります。計画の段階から二人で取り組み，いくつかの目で観察し一緒につくりあげていく方が，結果として効率的に目標に近づくことになるのです。

メンタルヘルス実務者が従業員と接するときは，このOODAループの方法論で行動することがポイントになります。ちなみにHさんは次の資格試験で合格したことを報告しておきます。

第 1 章のポイント

- **メンタルヘルスの意義が変わってきている**
  コンプライアンスからインテグリティへ
- **メンタルヘルス業務は幸せな仕事**
  実務者としてのアイデンティティを確立して，感謝される仕事を目指す
- **人事は遅効性・継続性**
  短期的な評価や即効性を求めても結果がすぐでないのがメンタルヘルスの世界
- **メンタルヘルス業務は，やりながら考える（改善する）**
  PDCA サイクルではなく OODA ループ（試行錯誤）ですすめる

第2章 まずは法律で求められることを知ろう

企業におけるメンタルヘルスとは

企業におけるメンタルヘルスとは，どういう機能でしょうか。大まかなことはその変遷を中心に「第１章」で説明しましたが，ここで改めて整理しておきましょう。

個人のメンタルヘルスは，精神的な病気から治る，病気にならないようにする，さらに健康的な充実した生活をするための機能として理解できます。これを，企業が行う場合，先の個人のための３つの機能が，企業目的のためにも有効であるということが重要視されるでしょう。企業は従業員が，人間関係や悩みやストレス，過労などによって，体調を崩して仕事を休むことなく，意欲や集中力を持って仕事ができることを期待しています。そのための機能が「企業におけるメンタルヘルス」です。

企業のメンタルヘルス業務は，具体的には，

- 従業員が弱らないように，支援する（一次予防）
- 弱った人を発見し，適切に対応する（二次予防）
- 弱った人をサポートし，復職してもらう（復職支援，三次予防）
- より充実した仕事ができるように，支援する
- 職場関連の人間関係ストレスを支援する（ハラスメント等のケア）
- 災害などの大規模な惨事に対するケアをする

などが，考えられます。

流れとしては，ストレス源を減らす，ストレス耐性をつける，早期発見，

早期対処，悪化防止，回復，定着などのプロセスで考えられると思います。これらは，人事，保健医療，法務，福利厚生，メンバー育成（教育）などと連携して行われますが，このうち，元気な人に，さらにやる気を出してもらう機能は，福利厚生，コーチング，メンバー育成として行われているので，メンタルヘルスに含めないで考えられることも多いようです。

他の仕事もそうであるように，業務の区切り，つまり担当範囲は，それほど明確でない場合もあります。さらに，メンタルヘルスは，これまで人事や医療，法務，教育などで総合的にカバーしてきた部分を，新たに切り取って活動していく側面があります。メンタルヘルス実務者が，何をするかは，決まっているというより，決めていく要素が大きいのです。

法律で求められること（厚生労働省の区分）

メンタルヘルス業務と言っても，何から始めたらいいのかわからないという方も多いと思います。まずは，厚生労働省の（参考）『職場における心の健康づくり～労働者の心の健康の保持増進のための指針』（以下，指針）〈https://www.mhlw.go.jp/content/000560416.pdf（2015 年 11 月 30 日改正）〉を読んでいただきたいと思いますが，以下に要点を抜粋しておきます。

指針では，メンタルヘルス対策の目的による分類として一次予防から 3 つの取組段階に分けています。また，実施主体による分類として，労働者自身で取り組むセルフケア，管理者が取り組むラインケア，産業医などの医療職によるケア，会社以外の専門機関（EAP など）によるケアの 4 つの主体で整理されています（図 1）。

自社のメンタルヘルスの制度を初めてつくろうとするときは，まずはこの視点で考えるとよいでしょう。また，すでに自社の制度があるという場合も，もれがないかこの視点でチェックすることをお勧めします。

指針では，上記の視点で「心と健康づくり計画」の作成を求めていますので，2 つの分類と具体的な計画の関係を図 2 にまとめてみました。

労働者や管理職層に対する一次予防としてはメンタルヘルス研修が必要となり，管理職層では一次予防にさらに職場環境等の把握と改善のための施策が必要となります。具体的には法律で義務化されているストレスチェックの

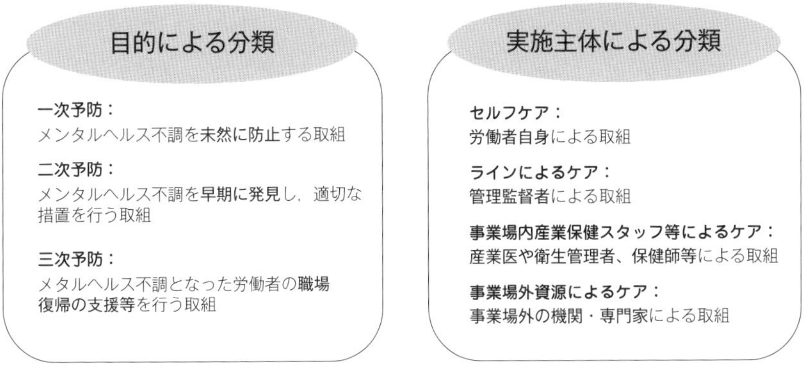

図１　目的による分類と実施主体による分類
（厚生労働省ホームページの「メンタルヘルス対策のポイント」より）

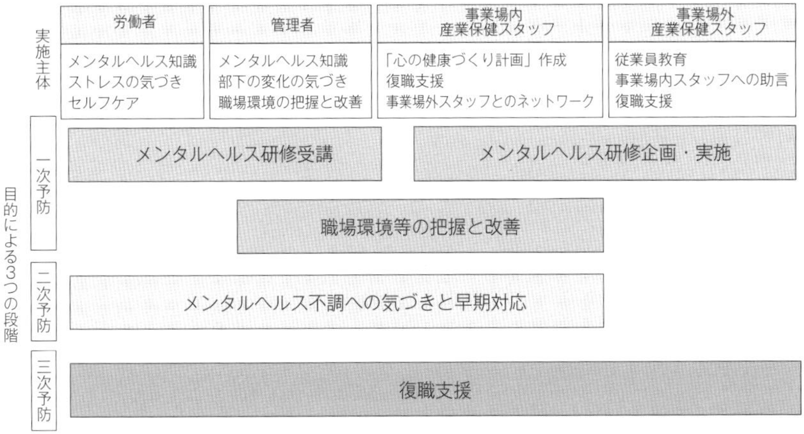

図２　心の健康づくり計画の視点

活用などが考えらます。一方で事業場内産業保健スタッフによるケアとしては，ストレスチェックだけでは見つけられない職場環境の実態を把握するための施策を考えます。例えば，相談窓口の設置，相談チャンネルの複数化，会社独自のモチベーション調査などが有効となるかもしれません。

二次予防はメンタル不調への気づきと早期対応がテーマなので，不調に気づいた労働者本人がどこに（誰に）行ってどうするのか，部下の不調に気づいた上司はどのような支援をするのかが明確になっていることが必要になります。そしてここでは，不調者の個人情報保護の問題も併せて検討される必要があるでしょう。仮に休職することになった場合のさまざまな人事上の手続きや決まり事なども明確にしておく必要があります。具体的には有給休暇残日数や休職できる最長期間，処遇の変化，傷病手当金の支給の有無などをこの機会にチェックしておいてください。

三次予防は職場復帰支援がテーマとなりますので，ここは４つの実施主体が緊密に連携をして進めていかなければならないステージです。主治医との連携という場面も想定しておくべきです。また復職を認めるまでの手続きや最終決定権はどこにあるのかなども明確にしておきましょう。例えば産業医の承認が絶対要件かどうか，事業場外産業保健スタッフのカウンセラーの意見を必要とするかなどです。

さらに，復職にあたってリハビリ出勤制度や短時間勤務制度を入れるかなども考慮しましょう。現状，制度がない場合でも今後必要になるのでは？という問題意識をもつことは，重要です。

そして，出来上がったこの「心の健康づくり計画」はぜひ経営層に承認をもらっておきたいものです。筆者たちの肌感覚ですが，昨今のメンタルヘルスに対する社会の理解度は高まってきており，あなたの企業の経営層も，メンタル不調者を出して労災認定されるとか，自殺者が出て会社名が出るという可能性をリスク管理として重要視し始めているかもしれません。

理由はどうあれ，一度出来上がったものを経営陣にプレゼンテーションして承認をもらってみてください。各論になると反発があるかもしれませんが，総論であれば反対はできないでしょう。今後，具体的にメンタルヘルス実務者としてみなさんが動きやすくするための第一歩となるはずです。

指針を具現化するだけではうまくいかない

しかし，これはあくまでも厚生労働省が考える，一般的な企業を念頭にした計画，業務でしかありません。だから指針なのです。

実務を経験している私たちからすると，指針はストレスチェックなどを導入するにあたっての，トラブル防止を図ることが重視されていますし，計画や会議などの形が見えるもので業務を進めていこうとしています。また厚生労働省の管轄にある，医師，つまり産業医に過大な期待をしている感じがあります。

実際にはこの指針をベースに，メンタルヘルス実務者が，自企業にとって実効性のあるシステムを，どう作り，どう業務を運営するかを考えなければならないのです。そのためには，自分の企業では何の目的のために，どこまで扱うかを決めなければなりません。その中でもまず，何のために，を考察しましょう。

何事にも，目的があって目標があります。これらの目標は，あなたの企業の現状によって変化します。例えば，いま会社が「エンジニアをやめさせないこと」が重要なら，メンタルヘルス施策も，そこにポイントを置かなければなりません。そのようなかじ取りをする必要があるのです。その際，第1章で指摘した「社会の変化」については指針では，ほとんど意識されていないということも，十分認識しておく必要があります。

目標の考察については，第5章で，詳しく説明していきます。

コラム

産業医とは

企業のメンタルヘルスを考えるとき，産業医はとても重要な枠割を果たすことが期待されています。そもそも産業医とは，事業場において労働者が健康で快適な作業環境のもとで仕事が行えるよう，専門的立場から指導・助言を行う医師を言います。産業医学の実践者として産業保健の理念や労働衛生に関する専門的知識に精通し労働者の健康障害を予防するのみならず，心身の健康を保持増進することを目指した活動を遂行する任務があります。

産業医の業務を実務分野別に整理しますと「1. 総括管理」「2. 健康管理」「3. 作業管理」「4. 作業環境管理」「5. 労働衛生教育」に分類することができますが，昨今は，ストレスチェック施策や，厚生労働省の指針などの制定によって，産業医の業務の多くが，メンタルヘルスにかかわるものになってきているのが現状です。

産業医と医師とでは医療行為の可否にも違いがあります。医師は，診療・

治療・処方箋の作成などの医療行為を行うことが可能ですが，産業医は従業員の健康管理を主な業務とするため，産業医として勤務している場合は従業員に対する医療行為は行えません。

メンタルヘルス分野に関しても，産業医の役割は「労働者の健康保持と職場の安全管理」です。精神科医とは異なり，産業医はメンタルヘルス不調者に対して「診断」や「治療」はできません。産業医は「労働者に健康上の問題がないか」「業務を問題なく行えるのか」「業務を続けるためにどういった配慮が必要なのか」などを医学的知見からチェックしたうえで，企業や労働者にアドバイスを行います。

産業医は日本医師会の産業医学基礎研修などの基礎研修を 50 単位修得すれば，専門診療科にかかわらず，医師であれば誰でもなれます。産業医業務の中でメンタルヘルス業務にかかわる割合が大変多いにもかかわらず，2015 年に日本医師会が産業医に対して行ったアンケートによると，産業医の専門診療科は内科が 44.1%と飛び抜けて多く，精神科は 4.7%，心療内科は 0.5%と，精神科領域の産業医は，両科を合わせても 5.2%にすぎないのが現状です。

第 2 章のポイント

- **法律できめられていることはおさえておく**
  『職場における心の健康づくり～労働者の心の健康の保持増進のための指針』など
  目的による分類，実施主体による分類が業務スタートのヒントに
- **指針の具体化がゴールではない**
  「何のためにメンタルヘルス施策を実施するのか」を問い直す

第3章 より良い仕事をするために必要な知識とスキルと態度

本当に必要な基礎知識・スキルとは

企業で勤務していた人が，メンタルヘルス実務者を命ぜられたとき，多くの人は，メンタルヘルスについての知識が少ないことを不安に思うでしょう。通常，メンタルヘルスとか，心の問題，心のケアなどの言葉は，聞いたことがあり大切なことだと感じていても，業務として行うとなると，何をどうすればいいのか，イメージさえ湧かないものです。まじめで行動力のある人ほど，手始めに心理学や精神医学の専門書などを勉強する人もいますが，文字だけでは実体がわからないので，ますます不安になる人も多いようです。

メンタルヘルス実務者が知っておくべき，習得すべきことは3つのポイントに分けられます。

1つ目は，企業のメンタルヘルス活動に資する知識です。具体的には，

- 業界，会社，社員にどんなストレスがあるかについての情報
- 企業の動き全般（どんな仕事があるか，どんな流れか）についての概略の知識
- 社会のメンタルヘルスに関するさまざまな期待値や要望
- メンタルヘルスについての医療・法律の大きな動き（規制，役所の指針など）

2つ目は，ストレスやメンタル不調についての知識

- ストレスや精神疾患についての基礎知識
- 対処するための医療に関する基礎知識

3つ目は，メンタル不調者への対応のための知識とスキル

- ●メンタル不調を抱える人の具体的症状・反応等
- ●サポート方法（知識・スキル）
- ●メンタル不調を抱える人の考え方，感じ方，それに応じたコミュニケーションスキル

企業の中からメンタルヘルス業務に抜擢された方は，1つ目についてはある程度知っており，かつ少し勉強すればわかってきます。ところが，2つ目と3つ目については簡単に理解できないので，大きな不安があります。

ではこれまで病院などでメンタルヘルスを担当してきた人の場合はどうでしょう。2つ目については自信があると思いますが，逆に1つ目はなかなかイメージしにくいのではないでしょうか。企業の動きについては「勉強」ではつかめないところが多いものです。また，3つ目についても，これまで自分が働いてきた環境でのメンタル不調者には対応できるのですが，会社などにおけるメンタル不調者は必ずしも病院に行くレベルでなかったり，本人だけでなく上司や家族とのコミュニケーションを取らなければならないので，案外そこに難しさを感じる人も多いものです。

いずれにしても，特に2つ目と3つ目の知識を得ようとして，精神医学や心理学を学ぶ人が多いのですが，実はその知識はあまり必要ではないのです。まず，2つ目の医療的な知識については，病気のことは産業医やメンタル不調者の主治医に聞けばいいし，メンタル不調を予防するための組織改善などは，別に心理学を勉強しなくても，「人」についてよく知っておけば，あとは常識的に判断することで十分なのです。

メンタルヘルス業務にかかわる人にぜひ知識として整理しておいてほしいのは，3つ目の知識です。現場でメンタル不調者を理解したりサポートしたり，あるいは上司や家族に説明したりするときに有用な理論です。

ところが，それは案外まとめられておらず，担当者の経験や人間力に依存している部分があります。必ずしも医学的・心理学的に正しい理論や方法論がメンタル不調者の心を緩めるわけでもないのです。ストレス理論や，発達障害についてよく知らなければならない，統合失調症，認知症などについて専門知識がないといけない……などとプレッシャーを感じるかもしれませんが，それらは知っておくに越したことがない（ベターな）知識ではあります

が，決してマストではないのです。またそのような各論は，実際にケースを支援していくうちに次第に理解が深まっていくものです。

医学・心理学の知識は本などで勉強しやすいため，ついはまり込む人が多いのですが，実務ではあまり効果を感じられません。中途半端な知識は，医師や心理士からすると自分のフィールドを荒らされるように感じるかもしれませんし，診断や治療に注文をつけるのがメンタルヘルス実務者の仕事ではないのです。専門的な知識は医療従事者の意見を聞き，会社の都合や，職場の都合，個人の都合などの情報を提供し，総合的に良い対策を考察していくエンジンとなるのが，メンタルヘルス実務者なのです。

厚生労働省などは，産業医がそのような動きの主体となることを期待しているようですが，実際，産業医は兼務が多く，その会社についての知識（先の１つ目の知識）が十分でないことがほとんどです。また産業医と言っても，メンタルや精神医学に造詣が深い方ばかりではありません。また，メンタル不調者とのコミュニケーションに長けている方ばかりではありません。全体を一番よく知っているメンタルヘルス実務者が主導的に動かないと，実際のメンタルヘルス業務は，企業のため，メンタル不調者のためになっていかないことが多いものです。そのような実務をこなすために，メンタルヘルス実務者が，まず習得しておきたい知識・スキルをまとめると次の２つです。

- 人間の心の動きの大きなメカニズム（人はどうしてメンタルヘルス不調になるのか，メンタルヘルス不調とは何が苦しいのか，どうすれば改善するのか）
- メンタルヘルス不調者にどのようにコミュニケーションを図るのか

これから，この２つについてまず集中的にお伝えします。特に，「感情」についてと，「疲労の３段階」という概念をぜひ知っておいてほしいと思います。

本書で伝える内容は，MC3（Massage Control based Crisis Counseling：メッセージコントロール・ベイスド・クライシスカウンセリング）という考え方です。より詳しく勉強したい方は，『対人援助のスキル図鑑――イラストと図解でよくわかる』（中央法規，2022）を参照してください。

コラム

エビデンスはあるの？

精神保健分野を背景に持つ人は，どうしても統計的エビデンスや学会などの公式見解など気になるかもしれません。また，病院や医師などとの交流の中でも，そこが強調されます。もちろん，エビデンスに基づく仕事は大切ですが，時と場により，こだわり方は変える必要があります。

企業運営をするとき，いつも十分なエビデンスに基づいて判断ができるわけではありませんし，人生で重大な決断である，例えば結婚するときでも，統計的エビデンスに基づき判断したという人はそれほど多くはないはずです。企業におけるメンタルヘルスでは，メンタルヘルスを医療としてだけ見るのではなく，企業活動の一部として，柔軟に考察する方が実を得やすいのです。実務者が持つべき知識は，学会で発表するためのものではなく，実務がうまくいくためのもので，具体的には，当事者，周囲の人々，上司，そしてメンタルヘルス専門家との交流がうまくいくためのものです。

もちろん，医学的知識やエビデンスは，専門家同士の交流には必要です。休職などの手続きを進める際にも権威があります。一方で，医学的知識を主体に説明しても，当事者や同僚や家族には響きにくいし，上司も説得しにくいことが多いのです。

本書で紹介する知識は，現在の最新の医学・心理学というより，一般の方によりわかりやすく，行動に移してもらいやすい説明ツールであると，ご理解ください。

感情とは

メンタルヘルス実務者として，まず理解しておきたい「感情」

人は元気なときでも感情に左右され，判断を誤ることがあります。いわゆるメンタル不調に陥っているときは，理性の力で感情がコントロールできなくなっている状態だと考えてください。

私たちは誰かと話をするとき，理性で論理的に話を進めようとします。仕事やビジネスの進め方もほとんど論理的思考が基本になっています。ところがメンタル不調の方に対応するときに，この理性・論理のアプローチをしてもうまくいかないことが多いのです。それはメンタル不調の方は，既に感情に強く支配された思考になっているからです。メンタル不調の方に対応するときは，このことをよく理解して，上手にコミュニケーションを図る必要があります。そのためにもまずは感情の機能について理解しておきましょう。

感情は体と心を変化させてしまう

感情とは人間に備わった危機対応能力の一つだと考えるといいでしょう。例えば原始人が猛獣に襲われたとき，恐怖という感情が湧けば，多少の疲れは感じないようになり逃げおおせるようになります（体の変化）。またある程度走った後でも，振り返ると木陰から猛獣が覗いている映像（イメージ）が見えるのです（頭の変化）。そのイメージを見た原始人はさらに走って安全を確保できます。逆に，猛獣と戦わなければならないときには怒りが生じ，肩をいからせこぶしをにぎりしめるなど戦いに適した体と，「自分は相手よりも強いんだ」と思わせる頭（思考）を準備してくれます。

このように感情は特定の状況に適応するため，体と頭を，一定の時間，変化させる機能なのです。このとき，頭は理性で結論を出しているのではなく，感情によって強くバイアスがかかった考え方をしてしまいます。例えば恋愛も感情の一つですが，「恋は盲目」という言葉があるように，恋愛している人にその相手の短所を指摘しても，なかなか信じてくれません。

感情による「思考」への３つの影響

感情は体と頭（思考）を変える機能を持っています。感情の変化がもたらす体の緊張によってさまざまな不調，いわゆるストレス性疾患と呼ばれるものが生じることが知られています。一方，思考の変化の影響についてはあまり注目されていません。

感情，特にメンタルヘルスに関係している不安や恐怖，悲しみなどの感情は，思考にバイアスをかけ，大きく３つの変化をもたらします。

１つ目は危険な状態を増幅して感じる変化。感情の増幅機能と呼んでいます。感情的になっている人の話を聞くと，確かに怖かったかもしれないがそこまでではないのでは……とか，確かに不安かもしれないがそこまで悪く考える必要がない……などと感じることがあります。感情によって危険性が増幅されてしまっているので，最悪のケースを短絡的に思い浮かべてしまうのです。

2つ目は，ある事象だけをクローズアップして考えてしまう変化です。感情のクローズアップ機能と呼んでいます。感情的になっている人は，常にある一つのことが頭から離れず，他のすべての事象についてもその視点から考えてしまう傾向があります。例えば自分が周囲から見下されているという不安を持っている人は，お弁当が配られる単なる偶然の順番にさえ，ネガティブな意味づけをしてしまいます。

3つ目の変化は，危険が今も続いていると感じさせることです。時間感覚のマヒ機能と呼んでいます。災害にあった人は，時間が止まったままという感想を持ちます。他の人にとっては過去のことでも，その人の中では，まだ現在形の危険が続いている感覚です。また，ある刺激で過去のつらい出来事の状態に一瞬で戻って，まさに今その危険な状態に置かれている感覚になることもあります。いわゆるフラッシュバックのようなものです。

これらは，現代人にとって客観的な思考の妨げになるのですが，おそらく感情という機能が発達した原始時代では，人間が生き延びるために必要な思考の変化だったと思われます。さまざまな注意の対象がある中で，命の危険にかかわる事象を見逃さないようにしてくれているのが増幅機能です。そして注目されたその危機情報だけに集中して，更なる情報収集をし，考察させる機能がクローズアップ機能です。

また，命懸けなのでできるだけ早く対処しなければならないとき，それを実現させてくれるのが，危機が現在形で進行している時間感覚のマヒ機能です。原始人にとっては必要な変化であったかもしれませんが，安全な現代社会を生きる私たちにとっては，理性的思考をさまたげる厄介者になってしまっています。この感情による変化は，本人にとっても苦しいし，無くしたいものなのですが，残念ながら原始人的な防衛反応，つまり本能のようなものなので無くすことはできません。

メンタル不調者は，この感情による思考の偏りを持っており，過剰な反応をすることがあります。また，そのことで苦しんでいます。これはメンタルヘルスにかかわるすべての人にまず理解しておいてほしいことなのです。

感情は変化する

メンタルヘルスにかかわるすべての人は，「感情は変化する」ということも認識しておかなければなりません。当たり前のことのように思いますが，案外これがきちんと理解されていないことが多いのです。例えば「売り言葉に買い言葉」というのは，感情が強く発動しているときには理性的でない発言をすることがあるということを示しています。

一方で論理が基本となって進む現代社会では，自分の言葉には責任を持たなければなりません。お酒を飲んで理性が弱まり感情が優勢になったときの言動も「酒の席のことで……」とおおらかに受け止めていた時代もありますが，現在は違います。やはり自分の言動には責任を求められます。

しかし，メンタルヘルスに携わる人が支援するメンタル不調者は，多かれ少なかれ，感情による思考の変化がある方だと想定しなければならないのです。具体的にはメンタル不調者の発した言葉の一貫性を，あまり厳密に期待しない方がいいのです。例えば「私は絶対に仕事を休みたくありません」と発言するメンタル不調者がいて，仕事を休みたくない理由を切々と述べていたとします。普通なら本心からこの方は休みたくないんだなぁ，と理解するところですが，メンタルヘルスの活動に慣れている支援者は，「不調者の発言は状況によって変わる」ということを想定しながら事態を見守るものです。

私たちが日常で感じるように，感情は大きくなったり小さくなったりするものです。そして元気なときは，できるだけ理性でその差を少なくするように努力しています。しかし，時に感情が強力に発動することがあり，その時は理性で感情をコントロールできなくなるのです。逆に言うと，時に過剰に感情的な反応をしてしまう状態がメンタル不調と呼ばれる，と認識するといいと思います。

感情を３つの強度に分けて考えてみる

メンタルヘルスにかかわる人は，感情について理解し，感情に上手に対応できるスキルを持たなければなりません。その際，感情の強度が変化することを知り，その強度に応じた対応をしなければなりません。私たちは感情の強度を3段階に分けています（図3)。

感情の第1段階：多くの人が日常生活を普通に送っている状態です。例えば，嫌なことを言われれば不快な感情がわきますが，理性によってそれをコントロールできる状態です。

理性と感情の強さの割合は，8対2ぐらいをイメージしてください。

感情の第2段階：何らかの原因でいつもよりも過敏になっている状態です。わかりやすく倍数的に表現すると，同じことに対していつもよりも2倍不安に思う，あるいは2倍イライラするときが，第2段階だと思ってください。

このときは感情と理性が5対5です。

感情の第3段階：強烈な出来事に遭遇した直後に，とても感情的になっている状態です。事故や事件，脅しやパワハラ，いじめなどを経験した後，数時間～数日続くことがあります。感情と理性の割合が8：2になり，いつもの第1段階とは逆転する状態です。

先に紹介したように，売り言葉に買い言葉で反応してしまったり，後で後悔するような行動をしてしまうのがこの第3段階の状態です。

第3段階でももちろん10分の2は理性的な考えができるので，周囲からのアドバイスは理解はできるものの，実際の行動が伴わない状態になります。つまり，「変化ができない状態」であると理解するとよいと思います。

私たちの一般的な社会生活は基本的には感情の第1段階を基準にしています。戦争も飢餓も犯罪も少なくなった日本では，特に第1段階での行動が求められます。

ところがメンタル不調を訴える方は第2段階から第3段階の方々なので，メンタルヘルスにかかわる人が，一般的な職場で鍛えてきた論理的なコミュニケーションで，メンタル不調者を支援しようとすると，なかなかうまくいかないのです。例えばパワハラを受け傷ついている人に対して，「部署を変えるし，パワハラした本人も反省しているので安心してください」と理屈で説明しても，なかなか当事者の気持ちや身体反応がおさまらないのは，感情の第2・3段階にいる当事者に対し，感情の第1段階のときのアプローチをしたからです。

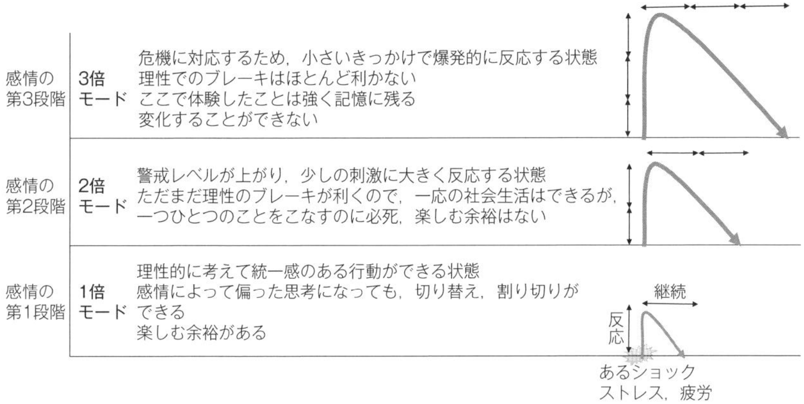

図3 「感情」の3段階モデル

感情にアプローチするには

それでは具体的にメンタルヘルスにかかわる人は，どのように感情にアプローチすればよいのでしょうか。まずは感情にアプローチするときのゴールを意識するとよいでしょう。

私たちは自分が第1段階にいるとき，感情を押し殺そう，言い聞かせよう，なかったことにしよう，という対処をとることが多いのです。ところが第2･3段階になるとこの方法ではうまくいかなくなります。感情の強度が強すぎるからです。

第2･3段階の感情は，無くそうとするよりも，とにかくその「強度を小さく」するという目的意識で接するとよいでしょう。例えば第1段階のときの不安は，危機が起こらない可能性を示す情報やデータが得られれば，理性の力によって押し殺すことができます。

ところが第2段階以上の不安はいくらそのようなデータを示しても，「だからといって100%起こらないとは言い切れない」などと思考して，なかなか不安が緩んでいきません。ただそのような人でも，安心できる環境にいて，安心できる人と会話をし，睡眠をとるなどの体のケアが進んでいくと，先ほどのような頑なな状態から，「不安だけどやっていける」という，感情の強度が緩んだ状態になっていくものです。

感情の使用言語は，イメージ，距離，時間，回数，体調，体感，雰囲気

コンピューターを動かすには，コンピューター特有の使用言語を使わなければなりません。理性のコンピューターと感情のコンピューターでは，使用言語が違うと考えていただきたいのです。

理性コンピューターの使用言語は，論理であり，情報，シミュレーションであり，言語であったりします。

1段階のときは，これらのアプローチにより理性を上手に働かせることができます。一方感情の使用言語は，イメージ，距離，時間，回数，体調，体感，雰囲気なのです。一言でまとめると「体験」することです。考えて変わるのではなく，体験して初めて変わるのです。

感情を緩めるには，例えば，行動してみる（イメージの変化），嫌な刺激から離れる，時間を置く，映画や動画サイトを見る，音楽を聞く，体調を整える，睡眠を取る，スキンシップを取る，体を動かす，脱力する，良い雰囲気で食事をとる，相談する，などが効果的です。

メンタルヘルスにかかわる人たちが感情を扱うときには，カウンセリングのスキルとしてMC3のアプローチが非常に有効です。

具体的には，第4章で説明します。

疲労の3段階

これまで，感情の3段階について説明してきました。例えば震災や交通事故などのショックな出来事に遭遇した場合は，すぐに感情の第3段階になり，時間とともにそれが収まり，1週間ほどで第2段階，1カ月ほどでいつもと同じ第1段階に戻れるものです。この場合，本人にとってかなり苦しい，いわゆるメンタル不調に当たる期間は，1週間ほどでしょう。ところが，私たちがメンタルヘルスの支援をした経験から言うと，大災害や戦争時ではないいわゆる普通のときでも，だいたいどの企業でも，第1段階が7割，第2段階が2割，第3段階の人が1割はいらっしゃいます。つまり，出来事とは関係なく，すでに感情の第2・3段階にいる方が，いるのです。

では，なぜそんな状態になってしまうのでしょう。いろいろな原因はあるものの，現代人の場合多くのケースが「蓄積した疲労」によって，感情の第

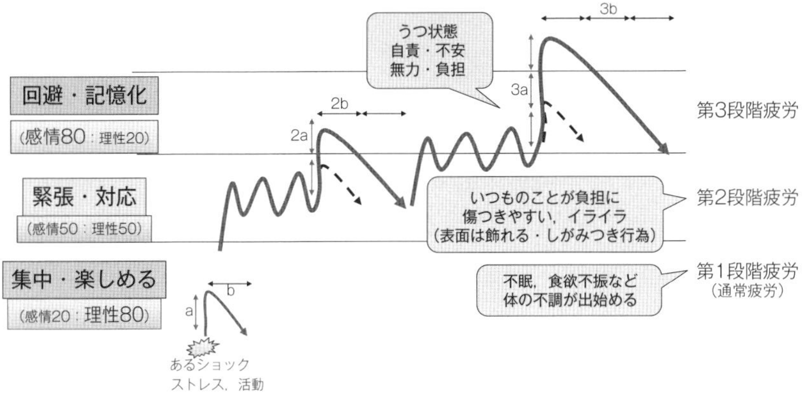

図4　蓄積疲労の3段階

2·3段階が生じていると考えることができます。私たちは，日常生活の中で，肉体労働，頭脳労働，感情労働などによって，疲れをためることがあります。疲れがたまると，弱った自分を守ろうとして感情が発動しやすくなるのです。疲労の蓄積度が進むと感情の段階も上がります（図4）。

疲労の第1段階

疲労の第1段階は，通常疲労と呼んでいます。元気なとき，私たちが何かをしたときに普通に感じる疲労の状態です。この状態では，感情も第1段階なので，理性によって統一感のある生活を送れます。危機感も少ないので，趣味や仕事に楽しみを感じますし，何かやろうという意欲も旺盛です。

この疲労の第1段階で，さらに活動の意欲を上げるためには，目標，報酬，雰囲気，使命感・責任感，不安などを刺激します。

疲労の第2段階

疲労は，作業し消耗したエネルギー量と休息や睡眠などで回復（補給）したエネルギー量で決まるものですが，何らかの原因で，疲労の蓄積が深まってしまうことがあります。同じことをしても，2倍疲れ，回復までも2倍長く感じます。これが疲労の第2段階です。

疲労の第2段階では，行動したあとの疲労が増加するだけでなく，何かをしなければならないと想像するだけで感じる負担感も2倍になります。また疲労の第2段階になると，そんな弱った自分を守ろうとして，感情も連動して2段階になります。同じ上司からの叱責を受けても，いつもより2倍落ち込んで（2a），回復にも2倍の時間がかかる（2b）状態だと思ってください。

この段階では，何もないときは明確な不調を感じず生活を送っていますが，それでもなんとなく切羽詰まって焦った感じがして余裕がなく，怒りなどを我慢することもできず，被害妄想的にもなりがちです。また，2倍の負担感から，変化を嫌い，人付き合いや責任を避けるようになります。さらに，不眠や食欲不振などをはじめさまざまな体調不良も表れます。そして，いったん何か嫌なことがあったり，苦手な予定が入ったりすると，急に2倍の反応をしてしまうのです。その動揺を何とかしようと，悩みを忘れるためのストレス解消法，例えばお酒やスポーツ，買い物，ゲームなどにはまり込んでしまうこともあります。このように第2段階でのストレス解消法が，結果として悪循環になっている場合，**しがみつき行為**と呼んでいます。

一方で，疲労しきっているわけでもなく，理性もまだ半分は機能しています。普段から自制心の強い人ほど，残っている理性で自分をコントロールしようと必死になり，「自分は平気，いつも通り」と思い込み，平然を装います。実際仕事などで今までで一番の成果を上げる人さえいます。これを**表面飾り**と呼んでいます。ただ，必死にとりつくろっていても，人間関係上のトラブルが生じたり，思わぬミスを犯したりもします。何とか取り繕って無難に過ごしていても，蓄積した疲労が改善されないと，次第に蓄積疲労の第3段階に移行してしまいます。

疲労の第3段階（うつ状態）

疲労の第3段階になると，疲労感・負担感もいつもの3倍，さらに感情も3倍に発動します。同じ出来事に，3倍落ち込んで（3a），回復に3倍も時間がかかる（3b）とイメージしてください。

本来，感情は状況によってさまざまな感情が発動するものですが，疲労がじわじわと悪化する中で感情も同時に深まっていくときは，発動する感情にパターンが見られます。特に顕著になる感情が，次の4つです。

自信の低下（無力感）

普段できたこと，誰でもできること（例えば，アルコールを控えること，大切な日に寝過ごさないこと）ができない。いつもはできる感情のコントロールができない（涙が止まらない，思い出し怒りが止まらない）。

楽しみ・やる気が感じられない，体力や自分の素質，生き方にも自信がなくなり，自分一人で切り抜けられない気がしてくる。自分は壊れてしまった，ダメ人間になってしまったと感じる。

お金も能力も枯渇したように思う。

居場所や所属感を感じられなくなり，孤独を感じる。生きることにむなしさを感じる，孤独で，このつらさを誰もわかってくれないと感じる。

自責の念（罪悪感）

なんとなく悪いことをしている気がする。人からそれを指摘され，攻撃される不安がある。

何とか今感じている責任から解放されたいと思う。

自分の行動，自分の存在のせいで周囲が不快に感じていると感じる。

自分が犯したミスがないか過去，現在を検索し続け，見つけたらそれを後悔し続ける。

やるべきことをやれていない自分を責める（負担感と連動）。

不安

将来が危険，悪いことが起こると感じる。

自分は他者や社会から攻撃されると感じる。

何をやってもうまくいかない気がする（無力感と連動）。

人から責められると感じる（自責の念と連動）。

大病ではないかとやたら気になる。

負担感

何かしたときに感じる「疲労感」は身体症状ですが，「負担感」とは「何かして」と言われたときに感じる想像上の疲労感なので，精神的な症状なのです。

疲れた感じが抜けない。何かしなければと思うが気力がわかない。

理性ではそうするべきと思っていても，うまくいくイメージが湧かない（無力感・不安感と連動）。

うまくいかないとしたらなおさら気力も湧かない。

でも，周囲からいろいろアドバイスされたりすると，それができないダメな自分を感じ（自責感と連動），そんな自分は誰からも助けてもらえないと思う（無力感と連動）。

これらは私たちが元気なときにも感じる感情ですが，重要なのは３倍モードになると同じ出来事でもこれらを３倍強く感じるということです。元気なときなら，自分を責めていても理性で自分の責任ばかりではないと思い直したり，自信を失ったときでも，仲間からの励ましで自信を取り戻すこともできます。

この４つの感情が３倍モードになっているときが，いわゆるうつ状態だと考えてください。

うつ状態，つまり３倍モードになっているときは，思考の８割を感情が支配しているので，基本的には理性的なアプローチがほとんど有効ではないと思ってよいのです。

「理性的に考えろ」という助言や情報を与えれば与えるほど，第３段階でも２割の理性は残っているので，「そうですね」と生返事しますが，心底はそう思えません。逆に，そんな変われない自分に絶望するとともに，自分を責め，自分は見捨てられるかもしれない（無力，不安）などと連想し，結局この４つの感情を悪化させてしまうのです。

うつ状態になると（うつの症状を確認しよう）

うつ状態になると，感情だけでなく身体の症状も現れます。精神症状に比べ身体症状は聞きやすいので，面接等で把握するべき項目を上げておきます。ただ，医師の診断ではないので，この項目が当てはまる，この症状はない，などと一喜一憂する必要はありません。人によって出る反応と出ない反応があります。また，一つの症状でも，そのつらさの度合いはそれぞれです。

ここでは，大まかにこんな症状がいくつか見られたら，うつ状態，つまり，蓄積疲労の第２・３段階にきている状態で，感情も２・３倍になっているということを，支援者が想定するために活用してください。

〈代表的な身体症状〉

疲労感（負担感）：疲労の３段階で説明した疲労感（負担感）を直接確認してみてください。

これまでなら疲れなど感じたことがないような楽な仕事でもすぐ疲れてしまったり，休んでも翌日に疲れが残っている感覚です。単なる筋肉の疲れという感じより，全身に錘をまとっているような疲労です。

不眠：そもそも寝付けないだけでなく，途中で何回も目を覚ましてしまったり（中途覚醒），朝方目を覚ますとそれからうつらうつらとして眠っている感覚がなくなったりする（早朝覚醒）ことも不眠としてとらえます。疲れていても眠れない状態に戸惑う人が多く，筆者たちの経験上，うつ状態になっている人の９割方はこの不眠症状を訴えます。

この不眠症状に対処しようと，お酒を飲んで眠ろうとする人が多くいますが，アルコールは入眠効果が見られますが，睡眠の質を下げ，うつを悪化させます。するとそのうつのつらさを紛らわそうとしてさらにアルコールの量が増え，翌日の二日酔いも重なりがちです。この状態を職場から見ると夜遅くまで飲んで酒臭いだけでなく，遅刻までしてくる，と周囲からネガティブにみられるようになり，適切な支援を受けられなくなります。

食欲不振：これまで通りに食事がとれなくなります。一方で人間は「食べないと身体がもたない」という意識も強いので，何とか頑張って食べようとします。また若い人などは逆に過食になる人も少なくありません。

うつ状態の人に食事の状況を聞くと「朝はお菓子を一口，あとは栄養ドリンクを飲んでます」とか「何とか食べていますが，味がまったくしません」とさまざまな表現で食欲が進まないことを教えてくれます。

思考停止：うつ状態の人の仕事のパフォーマンスは確実に落ちてきます。これまで気にもしないでできていた仕事ができなくなります。

出張の旅費精算をするのにこれまでの何倍も時間がかかってしまう。メールを読んでいても，ただ活字を追っているだけで全然頭に入ってこない。家に帰っても，今晩の晩ご飯の献立が全く思い浮かばないことがあります。

体調不良：これまで挙げたもの以外にも頭痛，肩こり，腹痛，めまい，吐き気などさまざまな身体の不調がでます。経験上，うつ状態になる前からもともと弱かったところが強く症状として現れるようです。

そしてその症状のつらさも2倍3倍とつらく感じていると考えてください。

〈代表的な精神的症状〉

精神症状は，一見わかりにくいものです。例えば，先に説明した，負担感，自信低下（無力感），自責の念，不安感などは，元気なときでも感じる感情だからです。

何が違うかというと，強度です。普通の状態のときは，不安でも10段階の3レベルの強度で感じていたものが，うつ状態になると，2倍，3倍の強度，つまり10段階の6，9の不安として感じるのです。何かに失敗したら，自信を失い自分を責めるでしょうが，それもうつ状態になると，自信の失い方や自分の攻め方が，2倍，3倍の強さになり，それを理性で修正できないのです。

うつの精神症状としては，p.45で紹介した**自信の低下（無力感），自責の念，不安，負担感**のほかに，対人恐怖と，死にたい気持ちを確認するといいでしょう。

対人恐怖：怒り

自分に自信がなく，自責の念があり，誰かにそれを指摘されるのではないかという不安があるので，人を恐れます。また，人と接すると大変エネルギーを使うので，負担感からも，人を避けるようになります。

一方，そんな人に対する漠然とした恐怖心は，身近な人に対する怒りとして表れることもあります。わかってくれる，守ってくれるべき人がそうでないとき，怒りをコントロールできません。身近な，しかも反撃しないと思う人に，執拗に怒りの矛先を向けてしまうこともあります。具体的には，職場からいなくなる，宴席を避ける，SNS等から消える，その一方で，他者への悪口が増える，うわさや自分の評判を強く気にするなどの変化として表れます。パワハラをする人の背景に，このうつの怒りの症状が潜んでいる場合が少なくありません。

「死にたい」気持ち

無力感が高じると，生きる意味を感じなくなります。自責感が強くなりすぎると，自分がいると他者の足を引っ張る，自分などいない方がいいと考えるようになります。その結果，死にたい気持ちが生じるのです。

ここで，注意してほしいのは，死にたい気持ちは，理性的な選択として生じるのではなく，うつ状態の感情の思考の偏りによって生まれたもの，つまり症状の一つだということです。「死にたい」などと言われると，悩みの外的原因や，その考え方を変えなければと思いがちですが，疲労の第３段階の特性，「理性は効かない」ということを思い出してください。いくら問題を解決しても，生き方の意味を解いても，症状は変わらないのです。風邪をひいて咳が出て，頭が痛いとき，「咳をしても周囲に嫌われる，頭を痛めても風邪はよくならないから，やめなさい」などと正論（理屈）を言われても，咳も頭痛も止められません。それは「症状」だからです。

死にたい気持ちも，うつ（疲労の第３段階）の症状です。理屈で否定されると，余計につらくなり，自死の確率を挙げてしまいます（死にたい気持ちへの対応は p.65）。死にたい気持ちは，居場所がない，生きる意味がわからない，消えたい，いなくなりたい，すべてを投げ出したいという表現や，失踪する，無謀な行為をする，セルフネグレクト，自殺未遂などの行動として表れます。

〈職場などでの変化〉

職場などでは，次のような変化として表れてきます。

- 睡眠，食事，体調の変化。ため息，愚痴，弱音の増加
- 負担を避け積極性低下，無意味・変更を嫌う
- 頭が働かなくなる，小さなミス，残業増える
- 不公平感，警戒心，イライラの増加⇒トラブルメーカーに
- 気分の波大。無理な感じのハイテンション も
- 出勤が遅くなる。時々所在不明に
- 他者の目に敏感。人を避ける，宴会等を避ける
- 援助・助言を受け付けない，一人でやりたがる
- 自責の念。過剰に謝る，過剰に自分を責める

- 自信が低下し，退職等を考える
- ストレス解消法（酒，たばこ等）の増減
- 悩みの増加（以前からの悩みが悪化）

第２・３段階では３つの変化を意識する

疲労の３段階では，疲労や負担感が３倍になるだけでなく，自信のなさ，不安，自責の念なども３倍になっているので，いつものその方とはまるで別人のような性格になります（別人化と呼んでいます）。一方で，うつっぽい人はみな同じような思考をするので，「うつ的思考（性格）」ととらえると，対応も容易になります。

疲労の第２段階から第３段階に進むに従い，うつ的性格が強まりますが，現実的には次のような特徴も表れてきます。

この３つの変化を意識してください。

１つ目は，理性的アプローチが効かなくなることです。先にも触れましたが，とても大切なことなので再度指摘しておきます。

例えば，その方が通常（第１段階疲労）は，気力旺盛で論理的で前向きな方でも，疲労が進むに従い，責任を避けるようになり，変化を嫌い，自信を失ってくるのです。それに対し，理屈（論理や倫理）で「あなたはこうするべきだ」とか，「いつものあなたならこうだ」などと言っても，頭（論理）では理解できても，自信の低下，自責の念，不安，負担感という感情は止められないので，結局「誰もわかってくれない」とか「ダメな自分を責められた」と落ち込むのです。

２つ目は，トラウマ化です。疲労の第３段階（自信の低下，不安，自責の念，負担感の感情の第３段階）では，そのときの出来事が命にかかわる重大事案として，記憶に定着しやすいのです。

メンタル不調の方が，ほかの人から見たら，過去の，しかもそれほど大したことでもないことに，強くこだわることがありますが，第３段階で受けた小さな刺激が，本人にとっては命を脅かす出来事と記憶されているのです。

３つ目は，思考や行動を変えることができなくなることです。

人は第１段階なら，モチベーションを上げてくれる刺激を求め，改善する意欲があり，視点を変えてくれるアドバイスを求めます。ところが，第２段

階，第３段階になると，変わることに多く（３倍）のエネルギーを使い，変わることでさらに危険になるかもしれない，という不安のほうが強くなるので，思考も行動も変えられなくなるのです。関係者が，そのことを知らずに，善意からアドバイスすると，逆にうつの方を追い込むことになります。これが昔から「うつの人に励ましは厳禁」と言われる理由です。

第３段階からの回復は長くかかる

何らかのトラブルに遭遇していったん感情の第３段階になると，警戒レベルは簡単に下がりません。通常大震災の後は，１カ月ほどは過敏になります。そしてゆっくり，通常，数カ月かけて治まっていきます。ところがこれが，疲労からきている第３段階の場合，どんなに時間をかけても疲労自体が抜けないことには感情の警戒レベルは下がらないのです。通常，第３段階の疲れ果てた状態とは，いわゆるうつ状態の入院や自宅療養の治療が必要な状態をイメージしてもらうといいと思います。休めるような条件を整えたうえで，数カ月，あるいは年単位の療養が必要になります。

うつ状態（蓄積疲労）は，誰にでも起こりうるという意味で「心の風邪」と呼ばれたことがありましたが，決して風邪のように１週間で元に戻るようなものではありません。コロナの後遺症が注目されましたが，人は一端シビアな状態に陥ると，回復までかなりの時間がかかるものです。その間，ずっと第３段階というわけでなく，第３段階から第２段階，第２段階から第１段階へと，徐々に，しかもその間，週単位，数日単位，時間単位の波のような変化を伴いながら回復していきます。感情の第１段階にいた人が，数時間後には何の理由もなく第３段階に落ちる，そんな波を繰り返しながら，良くなっていくのです。

メンタルヘルス実務者は，このような特性をきちんと理解し，サポートしていく必要があります。

コラム

なぜ現代人は疲れやすいのか

疲労の原因となるエネルギー消耗には，肉体労働，頭脳労働，感情労働があります。例えば建設業の現場，倉庫内の業務などは肉体労働のイメージが強いですし，ホワイトカラーやシステムエンジニアのような職業の人は頭脳労働が主体でしょうし，営業などは感情労働が多くなると思います。

時代の変化を考えれば，肉体労働は機械が，頭脳労働はコンピューターがかなり軽減してくれていますが，感情労働はむしろ大きくなっているのです。その背景には，情報の過多があります。

新型コロナは世界中でパンデミックを起こし，多数の死者が出ました。そのニュースは連日トップニュースで報道され，今日は感染者が何百人で死者が何人であるとか，予防のためマスクを着用し，3密回避というスローガンが流れました。マスクを外して会話しようものなら，通称マスク警察と呼ばれる人たちから糾弾されてしまいました。そのほかにも，戦争や地震のニュースが私たちを緊張させたり，悲しみや不安の感情を刺激します。

地球温暖化が原因ではないか，といわれる異常気象はどうでしょうか。「生命の危険にかかわる暑さなので，不要不急の外出をさけましょう」というアナウンスもかなり不安をあおる表現です。また大雨による危険は，気象情報の精度が上がっており，これまでなら上陸の3日くらい前になって台風情報が出ていたのに対して，今は台風発生の数日後から，日本列島への上陸の危険を教えてくれます。その情報を受け取った私たちは，頭の中でかつて見た洪水や土砂崩れの悲惨な映像を意図することもなく思い浮かべているのです。

現代社会では昔と違って，私たちの感情はかなり早い段階から，かつ長時間の警戒モードに入っているのです。SNSを代表とするコミュニケーションツールは，ここ20年くらいで急速に発展した分野の一つでしょう。このツールは私たちにこれまでなかったような暮らしやすさを提供してくれた反面，いじめや炎上といった特定の個人を見境なく攻撃してしまうような諸刃の剣でもあります。

特に若い世代は，SNSのない生活は考えられないので，常に情報には

表１　ライフイベントのストレス

100	配偶者の死	38	家計の悪化	23	上司とトラブル
73	離婚	37	友人の死	20	労働環境の変化
65	別居	36	転職	20	転居
63	懲役	35	夫婦喧嘩増加	20	転校
63	近親者の死	31	百万以上の借金	19	趣味の変化
53	けがや病気	30	預金等の消滅	19	宗教の変化
50	結婚	29	仕事の責任の変化	18	社会活動の変化
47	失業	29	子どもの独立	17	百万以下の借金
45	離婚調停	29	親戚とトラブル	16	睡眠リズムの変化
44	家族の病気けが	28	個人的成功	15	同居人の変化
40	妊娠	26	妻の就職退職	15	食習慣の変化
39	性的困難	26	入学・卒業	13	長期休暇
39	家族の増加	25	生活リズムの変化	12	クリスマス
39	新しい仕事	24	習慣の変更	11	軽微な法律違反

（ホームズとレイ，1967より一部改変）

合計１年以内に体調を崩す割合　150以下：30%，150～300：50%，300以上：80%

敏感になっていなければならない状態が続いています。これらは情報という川の流れの中に立って，流されないように踏ん張っているような状態です。この流れは夜，寝るときにも流れています。枕元にスマホを置いておかないと心配で眠れないという方も多くいると聞きました。これもなかなかしんどいことです。

これが感情疲労と呼ばれる疲れで，この疲れは周囲はもちろん，自分でも気づかないうちに疲労がたまるのでステルス疲労と呼んでいます。

これが現代人の疲れの一つの主体となっています。

もう一つの主体は環境の変化です。私たちは，環境に適応するために，地味にエネルギーを使うのです。表１はライフイベントごとのストレスの度合いを研究して，数値化したものです。ここで気づくのは結婚や妊娠，入学・卒業やクリスマスといった一見楽しそうなイベントでさえ，ストレスがかかっているということです。

転勤で引っ越しをすることになり初めての一人暮らしが始まった人を例に考えてみましょう。家族との別居（65），新しい仕事（39），仕事の責任の変化（29），生活リズムの変化（25），習慣の変更（24），労働環境の変化（20），転居（20），睡眠リズムの変化（16），食習慣の変化（15）などが該当します。この数字を合計すると 253 ポイントになります。

表の下の数字は合計ポイントごとに 1 年以内に何らかの体調不良になる確率を表しています。この方の場合，もし，自分がけがや病気をしたりすれば，300 点を超え 1 年以内に体調を崩す確率が 80％になることがわかります。

このように，私たちは普段の生活の中でも知らず知らずのうちにストレスを感じて，知らないうちに疲労が溜まっているのです。

うつ状態への対応

外的な問題解決にとらわれがち

メンタルヘルスの仕事は，人の悩みに対応するものです。嫌なこと，大変なこと，つらいこと，などのように外的な問題があって，それが苦しく悩みになっているというときは，その外的な問題を解決すれば，苦しさや悩みが終わります。だから，私たちは悩みがあるとき，問題を解決しようとするのです。

しかし，実際には，同じことでも悩む人，悩まない人がいますし，同じ人でも，悩むときとそうでないときがあります。その差は，これまでお伝えしてきた感情，特に不安，悲しみ，怒り，無力感などの苦しい感情がどれぐらい強く発動しているかにかかっているのです。感情・疲労の第 2・3 段階になると，普通のことが悩みになるのです。

「悩むから，悩みやすい性格だから，うつになる」と思っているかもしれません。確かに，まず初めに嫌なことがあり，感情が引き起こされ，それが長引いていると，疲労が第 2・3 段階に進み，さらにうつの思考の偏りも加わり，悩みが拡大していくというパターンもあります。

しかし，実際は，いつもは悩みなどない明るい人が，ライフイベントが集中するなどして疲労が第 2 段階になり，小さなことに悩み始めることが多いのです。つまり，「悩むからうつになる」のではなく，「うつになるので悩み

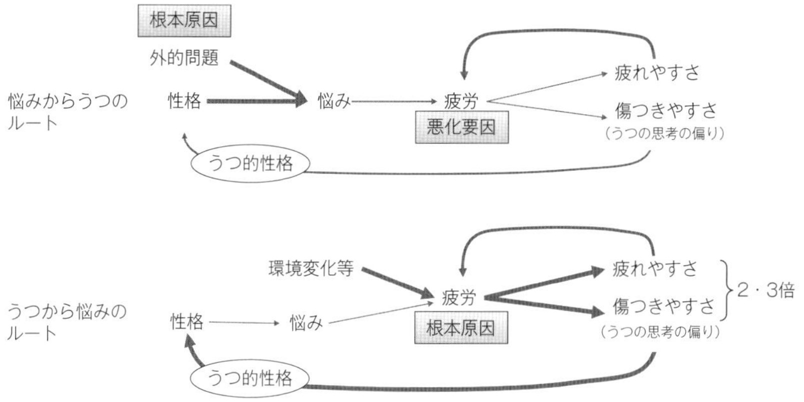

図５　悩みと疲労の関係

が生じる」という図式で理解する方がいいのです（図５）。

　また，いずれにしても，うつ状態から回復してもらうには，根本，もしくは悪化要因になっている「疲労」をケアするという視点が重要になります。メンタル不調者が訴える個々の外的な問題，悩みやすい性格などに対処するより，疲労のケアをした方が，今の不調から脱出し，悩みを感じにくい状態に戻りやすくなるのです。結果的には，本人の悩みも少なくなるのです。

問題解決ではなく味方になるという人間関係からの支援

　メンタルヘルスにかかわる人は，現場でいろいろな相談を受けると思います。その際に，通常は相談者の問題そのものを深堀りし，その原因や対策を考察するでしょう。それでうまくいくときはよいのですが，そのアプローチがなかなかうまくいかないときがあります。そんなときは，ここまで紹介してきた，感情の３段階や疲労の３段階の発想を使って，相談者の悩みの質と深さを考察してみるとよいのです。

　本人が感情の第１段階にいる場合の悩みの多くは，理性的なアドバイスで改善します。例えば，「この問題が解決できない」とか「あの上司とうまくやれない」という悩みに対し，一般的には，その問題や上司にどう対応する

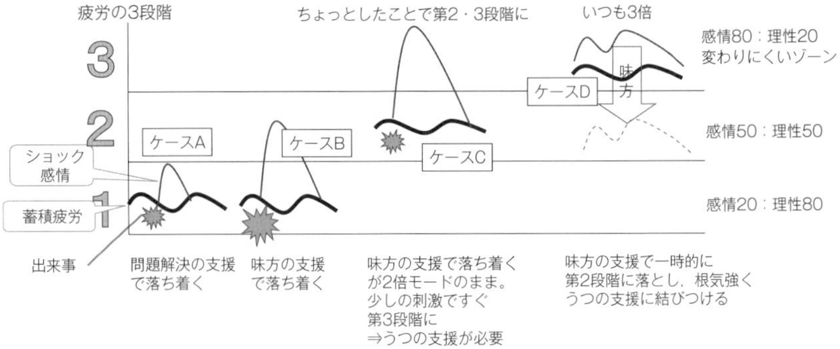

図６　各段階に応じた悩みへの対応

かや，外部の援助をどう受けるかなどの方法論，あるいは，その課題や上司はそれほど脅威ではない，むしろ良いチャレンジ目標だ，などの新たな視点を提示します。このように，やり方や視点，考え方を提示して，それが悩みの解決につながることが，職場ではほとんどでしょう。これらのケースは，多くの場合，本人が自力もしくは周囲の力を借りながら解決していくことが多く，メンタルヘルス不調の相談にはなりにくいものです（図6，ケースA)。

ところが，同じ「この問題が解決できない」とか「あの上司とうまくやれない」という悩みでも，感情の第２段階（疲労の第２段階のことも）にあるときは，第１段階で有効だったアドバイスの効果が薄くなります。そうなると，いよいよ悩みが深くなり，メンタルヘルス組織を頼ってくるのです。

第２段階以上では感情が２・３倍強くなっており，理性的な思考が十分に働きません。このときは，理性からのアプローチでなく，まずは感情を緩める作業をするのです。それを,「味方になる」プロセスと表現しています（ケースＢ・Ｃ・Ｄ)。

カウンセリング心理学などでは，ラポール（信頼関係）の形成，傾聴などと表現されていますが，要は「相手の言い分，感じ方や行動を，非難，否定せずに聞く」という作業です。

感情は極端な意見を持っています。特に疲労の第２・３段階になると自信の低下や自責の念，不安などが別人のように強くなっているのです。理性の視点からは，どうしてもその「思い込み」を修正したくなりますが，それは

「変えられないものを変えろと言われている」，つまり攻撃されていることになるのです。支援者がこれまでの第１段階の支援のつもりで，善意で必死に説得すればするほど，メンタル不調者の敵になってしまいます。

感情のトラブルの第２段階への対応

入社１年目のＸ君とＹ君。数カ月が過ぎると，それなりにパフォーマンスの差，違いが見えてきました。何にでも積極的で覚えもいいＸ君。周囲の評価もよいため，先輩社員からも可愛がられ仕事を頼まれることも多い。一方Ｙ君はＸ君と違い，よく言えば慎重に物事を考えるタイプ。悪く言えば仕事が遅く，仕事の出来映えもイマイチなところがある。１週間前にはＹ君がミスをしてしまった事案を，Ｘ君が後始末するようなこともありました。

あるボーナス支給日のことです。Ｘ君，Ｙ君にとっては初のボーナスですが，最初のボーナスの額はお小遣い程度でした（ボーナスの評価対象期間はまだ入社していないので，ボーナス自体が出ない会社も多いのではないでしょうか）。

Ｘ君があなた（メンタルヘルス実務者）に「相談があります。ボーナスの金額について納得がいきません」と訴えてきました。

あなたは，ボーナス対象期間にはまだ入社していないこと，金額は金一封程度で毎年額は決まっていることなどを説明してあげました。疲労の第１段階の悩みであれば，Ｘ君の悩みは解決するでしょう（図６のケースＡ）。

しかしＸ君は「はい，会社の規定はよくわかりましたし，本来出ないはずのところ，会社が配慮していただいて支給していただいていることに感謝します。でも……Ｙ君と同じ額だというのはどうしても納得がいかないです」とくい下がります。

こう言ってきたＸ君に対してあなたならどう対応しますか？

ボーナスの支給のロジックをさらに詳細に説明する，または別の視点から，新入社員の会社への貢献度がまだまだ少ないことを説明する，などあの手この手で説得しようとするかもせん。しかし，もしかしたらＸ君は，感情や疲労の第２段階以上になっているのかもしれません（ケースＢ・Ｃ・Ｄ）。第２段階以上の人に説明･説得のアプローチを続けると，「自分の気持ちをわかってくれようともしない人だ」と認識され関係性は悪化してしまうのです。

感情の第２段階（疲労は第１段階）の悩みには「味方になる」が有効

感情のトラブルに対して問題解決のアプローチは，受け入れてもらえないどころか，逆に反感をかうこともあります。相談者は理屈ではわかっているだけに，それでもなお気持ちが泡立っている自分に戸惑っていることもあります。そんなときには，まず，しっかりとその泡立つやっかいな気持ちを全部吐き出させてあげる，というアプローチが有効です（ケースB)。

何だそんなことか，と思った方も多いかと思いますが，しかし，これがなかなかできないものなのです。従業員の話なら，何かあればちゃんと聞いているよ，と公然と言う人に限って，話を聞いている途中で，何かアドバイスしたり，叱咤激励していることがよく見受けられます。話はそれなりに終結してはいますが，感情へのケアはされていません。しっかり話を聞くということは，聞く側が感情の第２段階へのアプローチを強く意識をして聞く必要があります。

X君の場合でしたら，今のX君の気持ち（Y君と同じ新入社員と扱われたことに対する驚きや怒り）などを丁寧に話してもらう必要があります。このとき注意したいのは，妙に察しがいい人になって「わかるわかるよ，その気持ち。確かにY君と同じだと納得いかないよね」と早急に言わないことです。仮に早い段階でX君の気持ちを理解したとしても，そのことをX君に伝えるのは少し待つのがポイントです。

では,それまでどのように話を聞いていけばいいのでしょうか？　それは,X君のY君に対する感情がネガティブなものに変わっていった出来事や背景をしっかりと聞くことです。過去に何回かY君が遅刻をしたことがあり,そのフォローのために自分の仕事に影響がでたことがあったとしましょう。その出来事に対して，より具体的に深堀りして聞いていきます。上手に質問していけば，X君もそのときのことをまじまじと思い出してくることでしょう。そして，話を聞いているこちら側も，そのときの光景が思い浮かんできます。それは，あたかも２人が一緒にその出来事を再体験しているようなことがこの対話の中で起きています。

この域に達したときにはじめて,「わかるよ，その気持ち」という言葉が相手にも刺さります。「ああ，上司は今の自分の気持ちを本当に理解してくれた」と思ってくれることになります。これが，感情のトラブルの第２段階への面接アプローチです。このアプローチで目指すところは，X君の悩みを解決すべき問題としてとらえるのではなく，X君が見ている世界を，対話を通して2人で一緒に体験してみることにあります。今持っているネガティブな感情をまるまる受け止めて（それを批判することなく），X君がそういう体験をしたならば，今の気持ちを持つのも無理はない，と伝えることです。

しかし，ここまできてこんな感想を持った方はいないでしょうか。確かにY君には問題点が多くあるだろうけれど，Y君だって同じ会社の従業員であり，今後指導を通して一人前にする責任が自分にもある。あまり，X君の話に同調しすぎるのもよくないのではないか。

そんな考えが浮かんでくるのも当然でしょう。ただ，ここで注意したいのは，今は，Y君の立場への考察やX君の成長のための課題を提示する段階ではなく，X君の感情のトラブルをいったん抑えることを最大の目的としているということです。Y君への思いが浮かんだとしても，一度横に置いておく必要があります。

自分の気持ち（あまりにX君に同調し過ぎているのではないか）にいつまでもとらわれながら話を聞いていると，その微妙なニュアンスが相手に伝わってしまい，「自分のことをやっぱりわかってくれていない」と感じられてしまう危険があります。直接，言語で言わなくても，その対話の中の言葉の強弱や間，視線の動きなど相手は敏感に感じとってしまうものなのです。

筆者の経験上，感情の第2段階へのアプローチがうまくいけば，相手は気持ちに余裕ができて，当初見えていた問題（ボーナスの問題）を棚上げして，元の生活に戻っていくことができるようになります。問題は何も解決していません（X君とY君のボーナスは同額のまま）。でも，自分の気持ちをわかってくれる人がそばにいると感じれば，元気を取り戻していくものなのです。

こうしたアプローチは，仕事上の面談というフォーマルな場だけにあるわけではありません。例えば，上司に自分だけが悪者のように叱責されて反論できなかった人がいたとしましょう。その人はこのままでは気が収まらないと思い，気の置けない同期入社の社員に飲みに行こうと誘いました。そこでお酒を飲みながら愚痴やら悪口を散々言って，同期社員も「そうかそうか，お前も大変だなぁ」と言って非難や否定をしないで聞いてもらったら，次の日は，それなりに何だか気分を変えて会社に行っていることと同じではないでしょうか。

感情のトラブルとは「表現すること」そしてそれを「非難や否定をしないで聞いてくれる人がいる」と収まってくるものなのです。これは二者の関係が「味方の関係」になっているからこそできるアプローチです。

疲労の第２・３段階への対応（悩みの奥に潜むうつへの対応）

感情の第２段階の対応で，味方になる支援がうまくいけばかなりの方が元気と冷静さを取り戻します。私たちの経験では，カウンセラーのところに来る半分は，この味方になる対応で復活し，仕事に向かえるようです。

ところが，一時的な感情の波ではなく，蓄積疲労からの慢性的な感情の第２・３段階にある人は，味方になるカウセリングをしても，あまり効果を感じられない場合があります。時には，味方になるカウンセリングをすればするほど，事態が長引くことさえあるのです（コラム「傾聴だけの支援の限界」次ページ参照）。

疲労の第２・３段階にある人は，ただ感情を一時的に落ち着かせただけでは不十分で，うつ状態になっている部分へのアプローチが必要になります（図６，ケースＣ・Ｄ）。しかしそれは，すぐ精神科の治療につなげるということではありません。それを急ぐとせっかくの味方関係を壊してしまいます。職場のメンタルヘルスが当面の対処（二次予防）で実施するべきは，うつ状態を弱め，これ以上悪化させないことです。

うつへの対処は，当事者目線でいうと離れる，休む，助けを求めることです。

まず１つ目は，今感じているストレス源から離れることです。刺激があれば３倍強く感じるので，刺激を受け続けている限り，うつが改善しにくいのです。次は，現代人の多くは蓄積疲労によりうつになっているケースが多いことから，休養を取ることです。具体的には睡眠を重視してください。３つ目は，医療や家族，職場の支援を受けることです。第３段階ではもう仕事を続けられる状態ではありません。自力対処をあきらめ，医療などの力を借りて復活する段階なのです。

この３つを具体的に進めるとなると，まずは受診して診断をもらい，休暇や休職をとるか，勤務内容・時間を調整して，ストレスを緩和していくことになります。メンタルヘルス実務者は，この流れを支援することになります。

コラム

傾聴だけの支援の限界

コミュニケーションやカウンセリングを学ぶとき，多くの書籍やセミナーで強調されているのが「傾聴の大切さ」です。

確かに，アドバイスはせずに話し手の気持ちをしっかりと傾聴することで，クライアントの思考が整理されて今後の方向性が見えてきたり，何とか一人で頑張ろうと思えたりすることも多いものです。ただ，それは疲労の3段階モデルでいえば第1段階の人の場合です（図6のケースA・B)。

もしクライアントが疲労の第2段階の人だったらどうでしょう。傾聴されるととりあえず思考が整理されて（しまい），一時的な感情のつらさは乗り越えられます（ケースC)。しかし，そこで「よしこのままがんばろう」と無理を続けていると，疲労がさらに蓄積され，うつ状態を悪化させてしまう場合が多いのです。

傾聴でしっかりと話を聞いて味方になりますが，そのとき「疲労の第2段階の可能性があるな」と感じたら，うつ状態への支援にも目を向けなければなりません。きちんと今の状態を説明し，休養や環境調整を進める方向で対応することで，中長期的な視点でより良い支援ができるのです。

いきなりうつ対処に進んではいけない

ところが，実はここに現場の難しさがあります。

1つ目は，うつを察知する難しさです。相談者は，「自分は疲労の第2段階です」などと宣言してくれません。メンタルヘルス実務者は，一般的な悩み相談の中で，うつの可能性を察知しなければならないのです。しかも，疲労の第2段階の人は，自分で不調を認めない，不調を隠したいという「表面飾り」をすることが非常に多いのです。そのためには，まず先に紹介したうつの症状（p.46）を覚えてください。経験を積むといろいろなバージョンがあることが理解できますが，当面は大きな柱になる症状だけで結構です。

そして，相談の中で，身体症状や過剰な精神症状を見つけたら，疲労の第2段階を疑ってみるのです。あるいは，何らかのアドバイスに対して，やたらと抵抗が強い場合も，疲労の第２段階を疑うといいでしょう。

２つ目は，うつの対処法を提案する難しさです。先に，疲労の第３段階になると「変化を受け付けなくなる」ことをお伝えしました。受診したり休職したりするのは，本人にとって大きな変化なので，とても難しい選択になるのです。

この選択を上手にしてもらうためには，「味方になる支援」が絶対的に必要になります。相手の話に共感して「味方になる支援」が絶対的に必要になります。相手の話に共感して味方になって，悩みの中にうつの兆候を感じたら，うつの症状の苦しさ，その症状を抱えて生活する苦しさを聞きつつ，まだ表現されていないその他のうつの症状も聞いていきます。p.46 で紹介したうつの症状を確認するのです。

うつの症状が確認できたら，その症状がどうして出ているのか不安な本人を落ち着かせるために，現状を説明します。このとき病気としての説明ではなく，「頑張った結果，疲れすぎて一時的に心身が過重に反応しているだけ，休息を取れば元に戻る」という説明をし，そのためにはこうすればいいという手順を示し，その中で不調者が無理なくできる範囲のことを一緒に考えていきます。

症状の聞き方，うつの症状を確認する

うつの症状を確認するのは，「うつ病だ」と診断するためではありません。それは医師の仕事です。メンタルヘルス実務者が現場でまずやるべきなのは，本人と味方の関係を築き，今のつらい状態についてのとらえ方や考え方を提案し，安心してもらうことです。

メンタル不調者は，今の自分がどういう状態か，いろいろな症状がなぜ生じているのかわかりません。わからないと過剰になっている自責の念や自信のなさ，不安などから，今の不調は「自分に能力がないから」「自分が頑張っていないから，努力していないから」「八方ふさがり，このままどんどん悪くなる」と解釈してしまうのです。きちんと今の症状を聞き取り，一つひとつに，その症状がどうして生じているのか，いつごろまで続くのか，どう対処すればいいのかを説明してあげるのです。

症状を聞くとき，どうしても尋問調になりがちです。また，メンタル不調

者は，自分のことではあっても，客観的に答えられないことが少なくありません。すると，その面接の雰囲気を，なんとなく自分が責められているように感じやすくなります。上手に安心して話してもらうには，どうしてその質問をするのか，背景を丁寧に説明するとともに，できるだけ答えやすいように具体的に，選択肢を挙げながら聞きます。そして答えてくれた症状の苦しさには，しっかり共感した要約で返すことが重要です。

身体症状から聞く

まずは答えやすい身体症状から聞くといいでしょう。例えば，**不眠**については，「相当忙しくて大変そうだけれども，最近はちゃんと眠れてる？」と聞くと自然です。また，単に不眠とひとくくりにするのではなく，「途中で何回も目が覚めたりしていない？」「朝早く目が覚めて，そのまま眠れなくて悶々としてたりしない？」など具体的に聞くといいでしょう。

食欲不振（過食）については，「そんなにいろいろ大変だと，食事ものどを通らないんじゃないの？　最近，食事はとれてる？」などと聞いてみてください。「はい，食べないと体が持ちませんから」というやりとりで終わることなく，食事の回数や量，おいしく食べているか，まで聞いてあげましょう。「毎日，砂をかんでいるような感じで食べてます」と表現した人もいます。過食の場合，吐きもどしがあるかどうかも聞きます。

また，体重の変化を聞くこともあります。今の体重を聞くのは特に女性には失礼になるかもしれないので，体重の増減を聞いてみます。何キロ減ったかだけでなく，ベルトの穴の位置の変化を聞くことでわかることもあります。

疲労感（負担感）は，話の経緯を通して，相手の表情や語気の強さなどから類推します。第1段階で感じる疲れとは全く別種の感覚で疲れを感じているので，「同じ仕事をしていて以前と今ではどんなふうに違う？」と変化を聞いてみる方法もあります。疲労が活動の結果として生じるのに対して，負担感というのは何かをやろうと思ってもそれが到底できないと感じる苦しさ，つまり想像上の疲労感のことです。「今，一番大変なことは何ですか？」と聞いてあげることで，負担感に関することを語ってくれる場合もあります。

思考停止は疲労感（負担感）を語ってもらうところから見つかることがよくあります。こちらから積極的に「そんなに疲れていたら，頭も回らないのじゃないかな？」とか「脳の活動がちょっと停止するようなときって，あるのじゃないかな？」と聞いて，そうであればそのつらさをしっかり受け止めます。

ある営業マンは週1回月曜日に前週の活動内容を週報として提出していましたが，これまでは15分くらいで書き上げていたものを，書き始めることすらできなくなってしまいました。朝ニュースをチェックしようと思っても，活字を追っているだけで全く頭に入ってこなかったり，レストランに行っても，メニューを選ぶという単純なことさえできないと嘆く人がいます。

身体症状はここで紹介したもの以外にも腹痛，下痢，吐き気，腰痛，耳鳴り，めまいなど多岐にわたります。不定愁訴と呼ばれますが，通院など対処してもなかなか症状が収まらないのが，メンタルからくる不定愁訴の特徴です。それらも，うつへの対処が進むと軽快していくものです。

これらの身体不調は，通常は，疲労感を聞いていく文脈で確認していきますが，主訴（面談開始前にこの面談にどうして来たのかの理由）として最初に出ていることもあります。部下の様子がおかしいので声をかけると「最近，下痢がひどくなって業務に支障が出てしまっている」「片頭痛がひどくなって，仕事に集中できない」といった訴えから面談が始まるような場合です。

ここで再度強調しておきますが，症状の確認は質問が中心になるので，どうしても尋問調になる恐れがあります。MC3（p.101）では「質問にはトゲがある」と強調されています。質問が続いて尋問しているような感じに気づいたら，まず要約してから質問すると，質問のもつトゲを抜くことができます。例えば，「そうか，2週間くらい眠れてないんだね（要約)。それで食事の方はちゃんととれているのかい？（質問)」という形です。そして，「朝まで全く眠れないのです」と答えてくれたら，「眠れないで朝になっちゃうと，また今日もつらい一日が始まる……なんて思うよね」などと，その症状の苦しさにきちんと共感しながら話を進めます。

精神症状の聞き方

次は，精神的症状です。直接「自責の念はありますか」などと質問して確認するというより，これまでの相談内容の中で出てきた出来事を，その症状の視点で話題を広げてみるといいでしょう。

「新規プロジェクトを続ける自信がありません」【無力感(自信の低下)】

⇒どうしてですか？　何か能力的に限界を感じたりしているのですか？

「これ以上迷惑かけるわけにはいきません」【自責感（罪の意識)】

⇒自分を責める感じですか？　どうしてそう感じてしまうんでしょう。

「飲み会に行っても疲れるだけです」【対人恐怖・怒り】

⇒飲み会も疲れますよね。人に気を使うから疲れるんでしょうか？

「先日，ついカッとなって部下を叱責してしまいました。そのあとひどく落ち込みました」【対人恐怖・怒り】

⇒カッとなったんですね。怒りが止められない感じなんですか？

「このままではダメだとわかっています」「お先真っ暗です」【不安・焦り・後悔】

⇒うまくいきそうもない感じなんですね，どんな予想をしていますか？

「あのとき，あんなことをしなければ」【不安・焦り・後悔】

⇒一番後悔しているのはどの部分ですか？

死にたい気持ちは味方になったうえでこちらから聞く

そして最後が「死にたい」気持ちです。話の中で相手から「死にたい」と言われたらどのように対応しますか？

「死ぬなんてだめだ」「命を大切にしないとだめだ」「思い直してくれ」と言いたくなる方は多いのではないでしょうか。私も最初はどう対応していいかわからず，とにかく，「自殺しない」と約束させてこの面談を早く終わらせようとした経験があります。

しかし，今はそうではありません。なぜなら，「死にたい」気持ちは，ここにあるようにうつの症状の一つであることを知ったからです。つまり，うつへの対処を行えばこの「死にたい気持ち」もなくなることがわかると，少なくとも面談の中で動揺することはなくなりました。もっと言えば，うつへの対処は疲労への対処と言い換えることができます。対処法がわかっていれば面談をあわてて終わらせる必要もなくなります。

また，本人も今までこの思いを，ダメなことと自分でも否定し，抑え，周囲にも悟られないようにしてきたため，そのことに大変エネルギーを使ってしまっています。もし，ダメな自分を打ち明け，それを否定されず，対処法を考えてくれる人がいるなら，相談したい。でも怖い，自分からは言い出せない。だからこそ，こちらから聞いてあげる必要があります。

私は面談の中で，相手が時に希死念慮を訴えないとしても，疲労が第３段階まできているようであれば，必ずこの死にたい気持ちを聞くようにしています。「これだけ頑張って苦しんできたのなら，もう死んでしまいたいなんて考えることない？」反応はさまざまです。「いや，そこまで考えたことはありません」であればそれでよしです。

「死にたいというか，もう何もかも終わりにしたいとはよく思います」などの言葉も希死念慮と考えてください。「もう楽になりたいです」「消えてなくなりたい」「ホームに立っていて電車に吸い込まれるような感覚があります」も同じです。

もし，そうした言葉が返ってきても決してあわてないでください。死にたい気持ちは誰にでも話せるものではありません。この人だったら話してもいいと思ったから話してくれていると思いましょう。これまでのあなたのアプローチがとても良くて，しっかりと味方になっている，と自信を持ちましょう。そして，表現してくれたつらさをきちんと要約した後，今の状態を丁寧に伝えてあげましょう。あなたは今，疲労困憊の状態にあること。その状態が続くと体に不調が起きたり，気持ちが以前のように前向きになれなくなる。死にたい気持ちもその症状の一つであること。疲労に対する対処をすれば以前の自分に戻れること，などを伝えて安心させてあげます。

「そうか，消えてなくなりたいと思うんだね，うんうん」（共感のメッセージ「つらいよね」）。

「さっきから聞いていて，あなたは○○したり，△△したり毎日とっても忙しかったんだよね（これまでに聞いた出来事を要約して伝える）。そんな日が続くと誰だって疲労がたまってエネルギーが落ちてくるんだよ。エネルギーがなくなると○○が痛くなったり，仕事が進まなくなるんだよね」

「今は周囲の人に申し訳ないみたいな気持ちでいっぱいなんだね」

「死にたいな，という気持ちもエネルギーが落ちてくると多くの人が感じる症状だと思ってほしい。（不安情報）」

「でも安心していいよ。今も言ったけど疲労に対する対処をしっかりしていけば，体調の不良も，今のネガティブな気持ちも必ずなくなるからね（安心情報）」

コラム

不安情報は安心情報とセットで

筆者の伊藤は会社員として生活していた一時期に，健康保険組合を設立し，そこへ４年間出向していたことがあります。健康保険組合の業務の一つに「特定保健指導」というものがあります。これは健康診断を行った結果，メタボリックシンドロームと認められた人およびその予備軍の人たちに，主に受診勧奨や生活習慣の改善を提案する業務です。この業務は保健師さんが行うのですが，血糖値が高い，コレステロール値が高いと本人に伝えても，本人としては現状どこも痛くもかゆくもないので，馬の耳に念仏状態となりやすいものです。すると保健師さんたちは，本人に自覚してもらうために「このまま病院へ行って治療しないと，糖尿病が悪化して最悪失明しますよ」とか「動脈硬化で血流が悪くなって足を切断することになりますよ」とリスクを説明します。

このように不安にして行動に結びつけようとするときの情報提供を，「不安情報」と呼んでいます。それで生活習慣を見直して通院してくれるといいのですが，ところが，なかなかそうはいきません。不安なことを言われると，私たちは脅された（攻撃された）と受け取り，身構えます。さらに，その不安を否定するために，言われたことを信じない（否定する・無視する）という心理が働くからです。

特定保健指導は複数名の保健師さんにお願いすることが多いのですが，指導を受けた社員にアンケート調査を行ったことがあります。そこでわかったことは，「このままいけば，大変なことになる」という不安情報だけを伝えている保健師さんはあまり評判が良くないということでした。ではどんな保健師さんが好まれていたかというと，不安情報だけでなく「こうすれば体重を減らせますよ」とか「このアプリでタバコを止めた人がいますよ」といった情報もセットで伝えている人であることがわかりました。不安情報だけだと拒否されますが，こうすればそれを脱出できるという方法論を交えると，リスクにしっかり向き合ってくれるのです。これを安心情報と呼び，MC3（第４章で詳細）では「不安情報は安心情報とセットで」という公式でお伝えしています。この際，安心情報は，不安情報のすぐ後に提供するのがポイントです。安心情報の提示が遅れると，その間ずっと不安で，先の抵抗心理が働くからです。

メンタル不調者とのやりとりでも，この配慮がとても大切になります。医療関係者の方たちは「病気」を前提に話をすすめて治療にもっていくことに慣れています。不安情報を伝えることがいけないことではありません。疲労の第１段階の人にはある程度，有効でしょう。しかし，メンタル不調者は，感情・疲労の第２・３段階におり，不安が強くなっている方です。提示された不安情報に対しても，２倍，３倍強い不安を感じ，その分必死に否定・無視するという構造になりがちなのです。

メンタルヘルス実務者は，不調者の症状の苦しさを受け止めながら現状を説明し（不安情報），その後に「こうすれば必ず良くなるよ」（安心情報）を必ずセットで伝えてあげましょう。そういう配慮によって，味方の関係も強くなるのです。

事例や比喩を使って現状を説明する

蓄積疲労の第２・３段階になってくると，症状として自信がなくなってきます。これまできちんと生きてきた自分がいなくなってしまう，まったく訳のわからない状態になってしまうのです。そしてそのことが余計に不安を掻き立ててしまいます。そこである程度味方になって，感情が第１・２段階に落ち着いてきたメンタル不調者に対しては，ここまで確認してきたうつ状態の症状は，本書でお伝えしている「エネルギー低下によるうつ状態の反応」であるということを説明してほしいのです。自分がどういう状態か，どうしてこうなっているのかがわからないと，何をすれば良くなるのかもわかりません。また理由もなくふがいない自分に陥っているわけですから，どうしても自分を責めてしまうのです。不調者がなるほどと納得する説明ができれば，自分を責めることも少なくなりますし，この状態から抜け出す明るい希望も感じることができます。

この現状を理解する段階で，医学的・論理的な説明で納得して休養や治療の方向に動ける人もいますが，そのような説明はただでさえ難解でわかりにくいだけでなく，疲労の第３段階にあるメンタル不調者には，論理的なアプローチが入りにくいものです。「わかりました」と言ってはくれるものの，納得して行動に移すまでには至らないことが多いのです。そのような方に納得レベルで理解していただくためには，感情の言語を使って説明することが効果的です。具体的には，（味方になったうえで）図表や比喩や事例などのイメージに働きかける手段を使うことです。

まず，本人にとって感情を働かせるイベントや環境の変化が続いていたことを，経緯表（p.76 参照）というグラフを使って説明します。このグラフを示すと「本当にいろいろあったんですね」と，わがことを客観的に振り返ることができ，自分が疲労困憊していても仕方がないと思いやすいのです。

また，事例を使うのも効果的です。

「私が１年前に対応した入社３年目の社員がいたんだけど，彼もあなたのように○○業務をずっと３カ月くらい，誰にも相談できずに続けていたことがあって，ついには会社に来られなくなったんだよね。そのときは，お腹が痛くなったので病院に行っていたみたいなんだけど，薬をもらって飲んでもなかなか良くならなくて，だんだん夜も眠れなくなったらしいんだよね。それである日の朝，会社に行こうと思っても体が動かなくて，それで休むことになったんだよ。

でもね，その彼はしっかりと休むことで３カ月で復職して今も元気で働いているよ」

プライバシーには十分配慮しつつ，症状や行動についてはイメージしやすいように詳しく話してあげます。自分はメンタルヘルス実務者として新任で事例をあまり持つほどの経験がない，と諦めないでください。チーム内のメンバー同士で共有しあったり，「うつ病」に関連した書籍も数多く出版されています。事例に多く触れるという意味では，医学書的なものではなく，うつ病経験談的な書籍に接してそれを事例として取り入れることをお勧めします。

次に比喩ですが，これといった決まったパターンはありませんが，一例をご紹介しましょう。「エネルギー低下によるうつ状態の反応」のエネルギーが低下するという部分です。

「疲労」という概念は人それぞれで，「疲労困憊しているよ」と言ってもそれがどれくらいの疲労なのかイメージできていないことがあります。そんなときに役に立つのが比喩を使った説明です。

「今のあなたの疲れの度合いは，スマホの充電量で表したとしたら残量がかなり少なくなっていると思う。元気なときなら夜充電したら，次の日の朝充電量は100％になるけど，今は朝になっても充電量は半分くらいかもしれないな。なぜかというと，最近夜眠れないって言っていたよね。途中で目が覚めて仕事のこと考えているって言ってたね。これは夜充電器を電源につなぎながら通話している感じ。だから，なかなか充電できないんだよ。それが今のあなたの状態なんだけど，どう？　イメージできる？」

このように事例や比喩はあまり頭が回っていない社員に対して，印象的に理解してもらえるツールとして，いくつか準備しておくと，結果として説明の時間も短縮できるメリットがあります。

最後に，仮に死にたい気持ちを話してくれた社員がいた場合，対処法の説明に入る前に，実際に自殺につながる行動をしたことがあるかを確認しましょう。

ここからはリスク管理の世界に入ってきます。リストカットといった直接的な行動の他にも，首を吊るロープを用意している，自殺の方法をネットで調べているようなことを教えてくれることもあります。もしあったとしても，あわてないで一人で抱え込まずに，産業医や企業内の関係者，部外の専門家などに相談して対応を協議しましょう。秘密にしてくださいと本人が言っていても，そのような専門的な知識の交換は許されています。医師が，医師同士で意見を求めるのと同じです。

休養，受診を勧める

これまで読んで，うつの症状の確認をすることや，エネルギーが落ちるとうつっぽくなると説明する行為は，自分は医師でもないのに大丈夫だろうか？　と心配になられた方もいらっしゃるのではないでしょうか。そんなときに筆者は，せき込んでいて熱がある人にあなたはどう対応しますか？　とお聞きします。「寒気はない？　のどは痛くない？　熱は何度？　それは風邪なんじゃないか。病院に行こうよ」と医者でもないのにアドバイスするのではないでしょうか。

それがなぜ，メンタル不調になると急に「医者でもないのに」と，尻込みしてしまうのでしょうか。百歩譲って一般の人がそういった心配はしても仕方ないですが，ここまで学んできたメンタルヘルス実務者の方なら，そんなことは心配せずに，目の前の社員にちゃんと向き合って，症状を確認して，これは疲労の第3段階だなと思ったら，これから解説する対処法をちゃんと説明してあげてください。それが，今苦しんでいる社員が求めている最大のサポートです。ちなみに筆者はこれまで何人もの社員と面談して，うつの症状を確認して受診を勧めてきましたが，そのことで非難されたことは一度もありませんし，逆に「あのときしっかり説明してくれたから，病院に行くことができました」と感謝されることが多いのです。

なかなか納得してくれないとき

疲労の第2・3段階の「うつ」っぽい方への対処として，味方になる，症状を確認し，現状を説明する，対処法を示す，という手法をお伝えしてきました。

ところが，感情・疲労の第3段階は，「変われない」ゾーンなのです。こちらの提案をなかなか素直に受け入れてもらえないことも少なくありません。そのようなときは，決して無理強いしてはいけません。対処法の通りにしないと，自殺させてしまう……などとあなた自身が焦ってしまうと，どうしても提案した対処法を強要する雰囲気が強くなります。

第5章で目標の大切さはお伝えしますが，例えばうつ状態で死にたい気持ちがある方を支援するとき，目標は，「絶対自殺させない」ではなく，「自殺の確率を少しでも下げる」にするべきなのです。前者は，現実的でなく，もし自殺が発生したら，実務者は自分を強く責めます。また，「絶対に」という思いから強い焦りが生じ，相手を強く説得し，行動を強要してしまいます。そのような態度は，味方の関係を崩し（敵となり），逆に自殺の確率を上げてしまうのです。

うつや自殺は，ある対処法で完全に予防できるものではありません。今私たちが持つ対処法は，「比較的，良くなりやすい方法」でしかないのです。ですから，そこに必死にこだわる必要もありません。対処法を実行させることより一番重要なのは，「味方」の関係性を保持しておくことです。「つらいことがあっても，この人が一緒になって考えてくれる」という関係性は，うつの悪化を予防し，自殺の確率を確実に下げる方向に働きます。

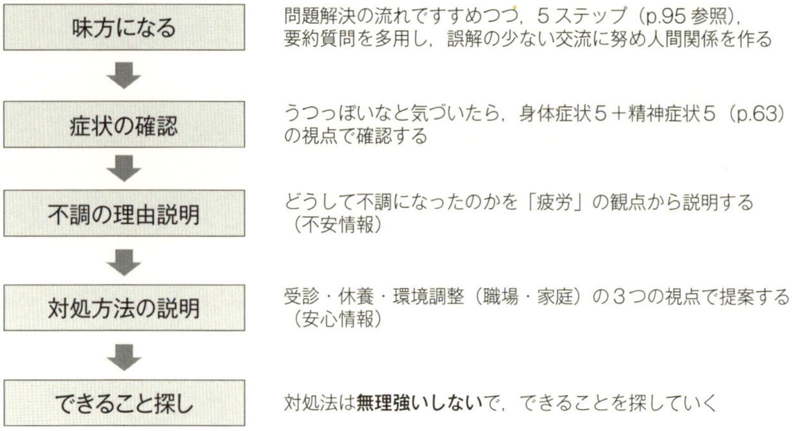

図７　疲労の第２・３段階の人のサポート手順（二次予防時）

ですから，自分の焦りや不安に流されて相手を説得しすぎないことが，とても重要なポイントになります。かといって，説明や提案をしなければ，それはそれで他人事のような接し方にもなります。

具体的には，話を十分聞いて，味方の関係を確立し，症状を聞き，説明し，提案する。それを受け入れてもらえないときは，「わかった，もう少し頑張るんだね。応援するよ。でも，またつらくなったら一緒に考えようね」と面接を終えます。

そして，観察を続けタイミングよく声掛けをしたり，メンタル不調者のほうから相談があった場合は，先ほどの，味方⇒症状確認⇒説明⇒提案のプロセスを繰り返すのです。もしそのとき受け入れられなくても，同じことを繰り返していきます。外見上は何の進展も感じられなくても，メンタルヘルス実務者が「味方」の関係できちんと支えている状態，それが一番重要なのだと認識してください。

うつへの具体的対応が難しい４つのケース

■仕事があるからと休養できないケース

仕事に対しての責任感が強いタイプの人が疲労の第２・３段階になった場

合，休まなければならないことはわかったけれど，今の仕事は自分でないとできないから休めない，という方がよくいらっしゃいます。しかし，冷静に考えてどうでしょうか。この人でなければできない仕事なんて存在するのでしょうか。確かにその人が急にいなくなると，困る人が出るのは間違いではないでしょうが，その困る人もちょっと時間をかければ何とか欠員部分をフォローできるようになります（企業の理論で言えば，ある特定の人がひとり抜けたから，会社の業績が傾いたなんて許されませんし，そんなことは起きません）。

ただ，それは理性的判断なのです。あなたは理性で説得したいでしょうが，第２・３段階で感情の思考が優勢になっているメンタル不調者には，その理屈は「わかっても，そうできない」ものでしかないのです。むしろ，休めと強く言われることを，「きっと，周囲も自分がいない方がいいと思っているのだ」とか「自分は大したことをしていない人間だ」とネガティブに受け取りがちです。休むことを全く受け入れてくれそうもないときは，まずは無理強いしないで，次のタイミングを待つ作戦がいいでしょう。それでも，症状の原因や対策を一度説明しているので，次回もし状況が改善していない場合は，受診や休養などを受け入れてくれる確率が高くなります。これは，感情の言語の，時間や回数，雰囲気をうまく活用する方法です。

また，休養や受診をある程度受け入れてくれてはいるが，踏ん切りがつかないようなメンタル不調者には，あえてすぐに休まないで，その社員の上司と連携して「引継ぎ」の時間をもらってから休んでもらうようにしています。その方が急に休ませるより，自分の仕事は○○さんに引き継いだので心配しなくていいという気持ちになり，結果としてしっかりと休養できることになるからです。引継ぎするうち，仕事に対するいい意味のあきらめも生まれます。これも，強要しない雰囲気と時間，体験の効果です。

一方で，時間を置きすぎると，また「このまま乗り切れるのでは……」のモードになることがあるので，バランスが必要です。

「引継ぎにはどれくらいかかりそう？　最低限のものに限って引き継ぐんだよ」「はい，１週間もあれば……」「それはダメだよ。では，３日でやるようにしよう。それで終わらなければ，また考えよう」というように，安易に長引かせません。

疲労の第3段階にいる人は，3倍モードなので引継ぎ作業にも，かなりの時間がかかると予想することが多いのですが，実際やり始めたら，3日の予定が1日で終わってしまうことが多いのです。これは，仕事を引き継がれる側が，一次予防で受けたメンタルヘルス教育を通して，この休職を控えた社員が今エネルギーが不足している状態で，なるべく早く休んだ方がいい，というサポーティブな気持ちになれている影響かもしれません。メンタルヘルスの教育は上司だけでなく，部下たちにも実施することの意味がここでも発揮されるのです（メンタルヘルス啓発教育の重要性についてはp.162参照）。

■職場内の人間関係が根本・悪化要因になっているケース

職場の人間関係でメンタル不調になっているような場合の環境調整も難しいものです。さまざまなケースがありますが，一番多いのは上司や先輩などからのプレッシャーではないでしょうか。こんなケースの場合は，例えば，先の休みの調整や引継ぎなどを，安易に提案してしまうと，復職の際のネックになる危険があります。メンタルヘルス実務者としては，面談時に聞いた出来事を思い出しながら，適切な対応をしなければなりません。

例えば，上司や先輩の言動をパワハラ的に受け止めているような社員の場合だと，引継ぎなどせず今すぐ休みたい，と言ってくる場合もあります。一方，職場の上司や先輩は休むのは仕方ないが，引継ぎはちゃんとしてほしい，という要望があったりします。ここはメンタルヘルス実務者のバランス感覚の見せ所です。引継ぎなどできる状態ではない，ときっぱり上司に伝えて，その理由があなたのマネジメントに問題があった可能性があることを伝えることもありますし，社員側に被害妄想的なものが感じられれば，引継ぎできそうな人の候補を出してもらい，その中から選んで引継ぎをしてもらうこともあります。こうすれば業務がスムーズに続けられるという企業側のメリットを上司に理解してもらうのです。このあたりの配慮と下調整は，面倒に感じるかもしれませんが，訴訟のリスクや，スムーズな復職に大いに影響してくるので，ないがしろにしたくないところです。

人間関係のストレスによってうつになっている場合，どこに復職するかは，ある程度休養を取って冷静になった本人と十分相談してから，丁寧に行う必要があります。

■私的トラブルで消耗しているケース

3つ目は第３段階に落ち込んだ理由が，会社以外の要因が多いと推測される場合です。家族の介護で就業後や休日も休まず世話をしている。夫婦関係がうまくいかず，家庭内が常に緊張状態にある。子どもが不登校で時に家庭内暴力があるなど理由はさまざまです。これらの問題を訴えてパフォーマンスが落ちているような場合に，メンタルヘルス実務者はどうしたらいいでしょうか。

ここでやりがちなアプローチが，家庭内の問題を解決すれば元のパフォーマンスを発揮できると早合点して，表面的な問題を解決するアドバイスに執着してしまうことです。介護で疲れているなら，地域包括支援センターに相談するようにアドバイスしたり，夫婦間のトラブルであれば離婚調停を勧めたり，不登校の子どもの場合ならフリースクールというのもあるよ，とアドバイスするようなことです。

しかし，これは蓄積疲労のレベルでいえば第１段階のアプローチです。目の前に座って相談している社員は，疲労の第３段階の悩みをかかえているのです。そのことを忘れて，問題解決さえすれば，すべてが解決するようなアプローチは逆に社員を苦しめてしまいます。この間違ったアプローチに陥らないようにメンタルヘルス実務者は，いったんこの問題を分割して考えることをお勧めします。つまり，職場外の問題と蓄積疲労の問題を切り分けて考える，ということです。

まずは後者の方を優先して第３段階のうつ状態への対処を行います。ここの手当てをしないうちには，次のステップには進めないと思ってください。疲れて思考停止になっている社員に，特別養護老人ホームへの申込みをするようにアドバイスしても，おそらく負担感を強く感じて行動に移すことはできないでしょう。まずは受診・休養を勧め，ある程度疲労が回復してから，プライベートの問題を対応することが大切です。しかし，何とかしてあげたいという気持ちは人間としてぜひ大切にしていただきたいと思います。そして，その気持ちを実践できるときは必ずくると信じましょう。今ではない，ということです。

コロナ禍で休職したＯさん（女性）の例です。彼女はホームセンターに勤務し，結婚していて夫との間には３歳の子どもがいました。コロナ禍の始

〈経緯表の一例〉　Kさん（ホームセンター勤務）の経緯表（p.75の事例）

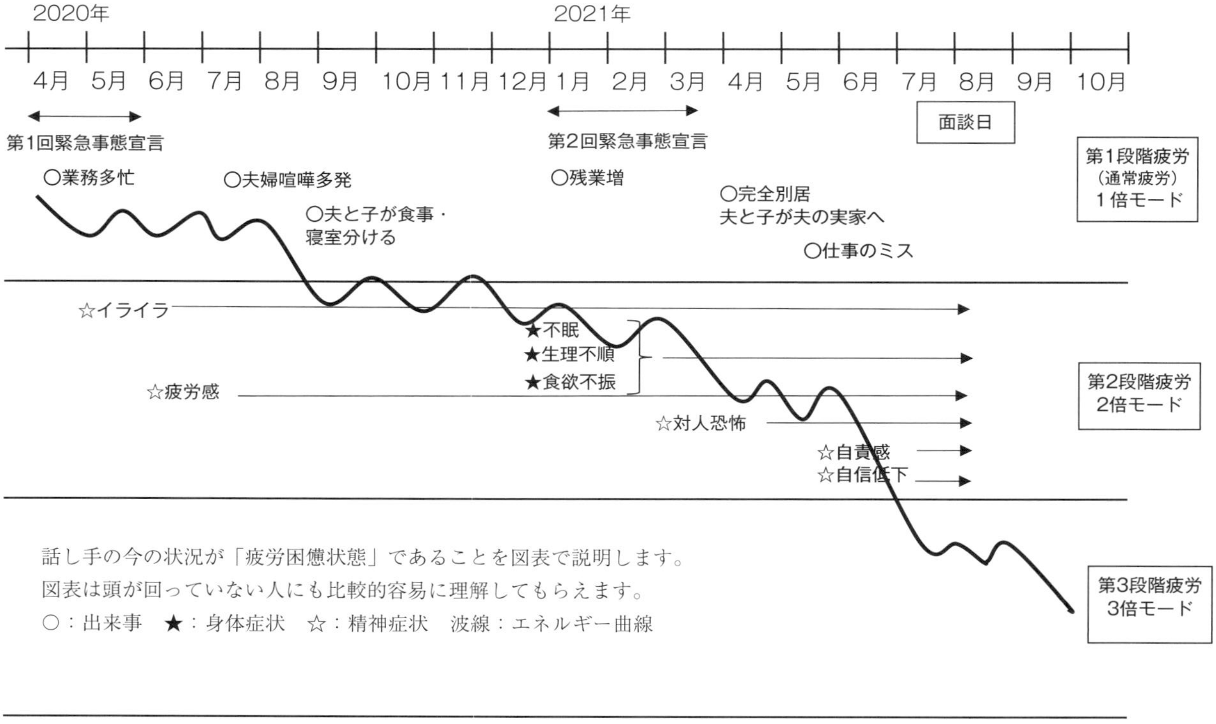

話し手の今の状況が「疲労困憊状態」であることを図表で説明します。
図表は頭が回っていない人にも比較的容易に理解してもらえます。
○：出来事　★：身体症状　☆：精神症状　波線：エネルギー曲線

めの頃は緊急事態宣言などが出て，ほとんどのお店が閉まっていたときがありました。一方で食品スーパーやホームセンターは営業を続けており，ステイホームに飽きて行くところがない人たちの多くが，そうした開いているお店に殺到して，かなり忙しい毎日を過ごしていました。夫は在宅勤務を続けていたのですが，その夫がかなり新型コロナウイルスに敏感な方で，Ｏさんが仕事に行って不特定多数の客と接していることを極度に嫌悪していました。そして，夫と子どもとは寝室や食事は別にとるようになり，「こんな非常時に店を開けるような会社は辞めてしまえ」とまで言われるようになりました。Ｏさんはこんな非常時だからこそ，自分の仕事は人々の助けになっている，と思っていたので夫のことばはとてもショックでした。そして，ついに夫は子どもを連れて夫の実家に帰って連絡すらくれなくなったのでした。

その２カ月後，Ｏさんは疲れ果てて筆者のところに相談に来ました。お話を伺いながら，家庭の問題（夫婦の価値観の違い）だなとわかりましたが，ここに焦点をあてて何らかの解決を探るには，あまりにも疲れ果てている状況でした。筆者はこの問題は先送りして感情の第３段階へのアプローチをすることにしました。Ｏさんはすぐに休職することになりました。休んだことでかなりエネルギーは回復してきましたが，夫と子どもとは，まだ別居が続いており，そのことを何とかしようと考えると，また憂うつな気持ちになるのでした。

筆者はある程度元気を取り戻してきたことを確認したので，これまでと違って積極的にこの夫婦間の問題について考える時間をとりました。一人で考えているとなかなか決断もできずに，ネガティブな発想しか出てこないものです。一緒に考える場を何回か設け，こちらのアドバイスも受け入れてくれるようになりました。このケースではＯさんの夫に対する気持ちは完全に離れて冷めていたので，離婚を前提とした方向でいくのが最善であるという結論になり，離婚の無料相談ができるところの情報を教える，というサポートをしました。

■医療の活用に強い抵抗感があるケース

うつ状態になったメンタル不調者に対して，医療を活用する対処を提案しても，受け入れてくれないことがあります。「うつ病」「精神科」「入院」などのワードに否定的な反応をする方が，特に年配の方には少なくないように思います。精神疾患になるのは弱い人間だからだ，と感じているのかもしれません。これはそれぞれの人がこれまでに培ってきた価値観でもあります。疲労・感情の第３段階は「変われない」ゾーンだったことを思い出してください。いくら「心が弱くてなったわけではない，疲労の蓄積が原因なんだよ」と伝えても，なかなか受け入れてもらえないものです。そこを変えようと無理強いしてしまうと，せっかくのこれまでの関係性が失われてしまうかもしれません。一方で，単に精神科医療について知識がなく，漠然と不安になっている方も少なくありません。そのような方には，具体的な情報を提供しましょう。

メンタルヘルス実務者としては次の２点を抑えておくといいでしょう。

① 病院との付き合い方がわからない場合

精神科や心療内科に行こうと思っても，どこに行って受付でどのように伝えていいかわからないことが受診への抵抗になっている人がいます。

私がかかわったメンタル不調の従業員は，疲労の第２～３段階に入っていたため思考が全く働いていない状況だったので，自宅近くの心療内科を一緒に探したこともありました。昨今のメンタルヘルス関連の病院は予約が一杯で，連絡しても１カ月後でないと予約がとれないということはざらにあります。そんなときには，多少オーバーでも「毎日ほとんど眠れていない」とか「この電話で５件目なのです」と言うようにアドバイスしたこともありました。

またそんなときは精神科や心療内科ではなく，近場の内科を受診して，体調の不調に合わせて不眠について相談してみることも提案してみます。大概の病院では不眠に関するお薬を処方してもらえます。また，薬局に行けば，睡眠改善用の市販薬もあるので，そこから試してもらうのも一つの手です。

さらに実際の受診では緊張して医師に何も言えなかった，聞けなかったと言う人も少なくありません。そこで，事前に面接して，そのひとのうつの症状（p.46）や，医師に確認したい事などをメモして渡します。それをもとに，受付や医師に伝えてもらうようにしています。

② 薬に対する強い抵抗がある場合

精神疾患の薬を飲むと一生薬漬けになる，と考えている方もいます。

そうしたメンタル不調者の不安を少しでも和らげるために，メンタルヘルス実務者はある程度の薬の知識を持っている必要があります。薬剤師のような専門的な知識ではありません。基本的な薬の効き方や効果がでるまでの期間，副作用などです。薬の知識を説明するときも事例や比喩を使うとより理解してもらいやすくなります。

「今，あなたの身体の中には大きな重石があるとイメージしてほしい。抗うつ薬はその重石で落ち込んだ気分を下から押し上げる働きが，睡眠薬はぐっすり眠って重石の大きさを小さくする働きがあるんだよ」

薬に対する抵抗の理由の一つに，睡眠薬等を服用したら朝起きられないのではないか？　止められなくなるのではないか？　といった考えをもたれる方もいらっしゃいます。しかし，最近の薬はかなり進歩していて，用法容量を正しく守ってつかえば，朝はちゃんと起きられるし，習慣性もなくなっていますよ，と伝えて薬への不安をやわらげてあげてください。そうは言ってもやはり，薬を飲むと朝ちゃんと起きられるか心配という方には，p.81で紹介するおうち入院とセットで対応することを勧めてみましょう。次の日が休みであれば，薬の服用への不安は軽減します。

何度も言いますが，知識を提供したとしても，無理強いは禁物です。どうしても受診が難しければ，それ以外の方法でうつへの対処を一緒に考えていきましょう。支えてくれる人がいるという「味方の関係」での支援が，最も強力で，基本の支援だということを忘れないでください。

うつへの対応事例

職場のメンタルヘルス実務者に面接の依頼があるのは，いろいろなケースがあります。これまで説明してきた感情の3つの段階へのアプローチでいうと，まず，表面的には「どんなことがありました？」という問題解決のかたちで入っていきながら，感情のトラブルがないか？（感情の第2段階のチェック），エネルギーが欠乏したうつ状態ではないか？（疲労の第2・3段階のチェック）と注意深く話を聞いていきます。

ここで先にお伝えしますが，仮に社員がこの感情や疲労の第2・3段階にいる場合，いつもの対応とは決定的な違いが一つあります。それは，目の前に座っている社員は，あなたが知っている以前の部下とは「別人」になっていることが多いという点です。以前から持っているイメージだけで話を進めないようにしてください。

物流会社に勤務しているＢさん（35歳男性）は，東京本社で営業の仕事をしていました。仕事も順調に進んでおり，役職もついて張り切っていた矢先に，実家（山形）の母親ががんで入院することになりました。父親は健在でしたが，日常の身の周りのことがほとんどできない方で，自宅はあっという間にごみ屋敷状態になってしまいました。

Ｂさんは金曜日の遅い新幹線で山形まで帰って，土曜日に母親の見舞いと実家の掃除と１週間分の買い出し，日曜日の早い時間に東京に戻って今度は自分の家の家事をするという生活が２カ月くらい続きました。この頃からＢさんの体調に変化が現れ始めました。疲れているのにぐっすり眠れなくなりました。２カ月たっても父親のだらしない様子は変わらず，父親を厳しい口調で非難することもありました。帰りの新幹線では「何であんなこと言っちゃったんだろう」と凹んでしまいます。

さすがにこのパターンは続けられないな，と上司に相談したところ，山形にある物流センターに異動させてもらえることになりました。実家から物流センターは車で片道１時間と遠いのですが，毎週末の新幹線移動に比べれば時間は短いし，何より金銭面の負担がなくなるのが魅力的でした。物流センターでの仕事は，内勤業務のほかに商品の積み下ろしや，人手が足りないときはトラックの助手として同乗して，配送を行うこともありました。営業で外回りをしていたので体力には自信があったＢさんでしたが，慣れない仕事ということもあり，なかなか仕事を覚えられず，自分より若いドライバーから叱責を受けたりすることも数回あって，かなり落ち込んでいきました。そんな中，母親が退院することになりました。がんの手術がうまくいって家に戻って，家事一般の仕事もやってくれるような状況でした。

Ｂさんはこれで仕事に集中できると思いましたが，なかなか体が言うことを聞いてくれません。不眠は続き，食欲もなく，仕事に行くのがつらい毎日が続くのです。メンタルヘルス実務者に相談があったのはこの時期です。経緯表を書いてみると，半年ぐらい前の東京本社にいたときからすでに第２段階だったようです。当時心配した上司から少し休むことを提案されたようですが，「自分が動くしかないし，人事に相談したから大丈夫」と頑なに拒否したそうです。その後，山形へ異動するわけですが，実家から仕事に行けるという魅力的な内容だったので，疲れている体に鞭打って引っ越しを行ったと言います。

メンタルヘルスの観点からみると，実は引っ越しというのはエネルギーを大量に消費してしまうので（p.53　ライフイベント表参照），警戒しなければならないライフイベントなのです。それだけ疲れていたら引っ越し作業などできないのでは？　と考えられそうですが，まだこの第２段階疲労ではエネルギーが残っているので，一時的にはパフォーマンスを発揮できてしまうのです。すると周囲の人たちには，その方が疲れているなとは見えず，適切な支援を受けられないことがよくあります。

引っ越し作業そのものもそうですが，引っ越した後の新生活というのもエネルギーを使います。Ｂさんは週末の長距離移動はなくなったものの，車で片道１時間というこれまで経験したことのない生活を始めることになりました。第２段階疲労を２倍モードとも呼びますが，この通勤時間の往復２時間が，体感的には４時間の車通勤をしていることになるのです。苦しい新生活を送っていたＢさんですが，お母さまの退院という，願ってもない朗報があり，この蓄積疲労の世界から脱出する光明が見えたかに感じられますが，第２段階疲労まで落ちると，回復まで２倍の時間がかかります。

Ｂさんの場合，父親の世話から解放されたものの，完全に回復する前に次から次へとイベントの負荷がかかり，第３段階疲労に入りかけていました。このゾーンに入ると，いろいろな症状の中に「死にたい」という気持ちになることがよくあるのです。

メンタルヘルス実務者としては，そうなる前に何らかの対策を提案して実行してもらわなければなりません。

第２段階で有効な「おうち入院」

疲労の第２段階での対処法のファーストチョイスとして，「おうち入院」をお勧めします。「おうち入院」とは私たちの造語ですが，仮にけがや検査などで入院しなければならなくなった場合をイメージしてみてください。社会から完全に隔離されてしまい，何かやろうと思っても何もできません。電話やスマホもかなり制限されます。食事は決まった時間で配膳され，消灯時間も決まっているので夜更かしなんてできません。そんな状態を自宅で再現して休養を進めようというのが「おうち入院」です。

「おうち入院」のやり方を説明します。まず期間ですが最低3日は欲しいところです。3日間というのは結構よいバランスで2日だと，2日目には翌日のことが気になり休めません。3日だとまん中の1日は心からゆったりできます。またあまり長くなると仕事のことが気になり，ちゃんと休めなくなります。土日が休みの方は金曜日か月曜日をつけて3連休にするといいでしょう。週休2日の会社であれば土日は他の人も休んでいるので，業務の状況が大きく変わることもなく安心して休めます。その2日間にたった1日プラスするだけです。そう考えると休むことに対する罪悪感も少なくなるでしょう。おうち入院してみようと思ったタイミングが，ちょうど夏休みや年末年始の休暇が重なれば，その休暇を使います。

では「おうち入院」の具体的なやり方ですが，単身者と家族がいる方とで少し変わります。

まず単身者の場合は，一人なので自然に隔離状態に入りやすいのですが，問題は食事です。休日の食事は外食が多いという方も，この期間は努めて自宅でとってほしいので，休みに入る前にできれば3日分の食料をストックしてください。今は食欲がない，と思ってもとりあえず3日分ストックします。途中でお腹が空いてきたらどうしよう，という不安も解消できるからです。ストックできない人は毎食近くのコンビニ弁当でもかまいません。栄養バランスのことはあまり意識しなくても結構です。

次にご家族のいる方の「おうち入院」ですが，これは3日間ただゴロゴロします！　と宣言する必要があります。買い物に行く，子どもと遊ぶ，といった家の用事をこの期間だけ免除してもらうように協力してもらう必要があります。子育て中の方であれば，ご両親のヘルプなどをお願いしてもいいかもしれません。子どもがどうしても遊ぼうと言ってくるといった方で，3日間安価なビジネスホテルを予約して，強制的に隔離状態にした方もいらっしゃいました。しっかり休める環境をつくれば，あとは単身者と同じです。

準備ができたら入院開始ですが，とにかくエネルギー消費の大きい事を避け，できる限り睡眠を取ります。眠れないときは，ゴロゴロするだけでも，結構です。目が覚めているときは，嫌な事を考えがちですが，好きな事（音楽，ゲーム，読書，料理，動画視聴）などをして気を紛らわせてください。このとき，仕事や自己啓発系，心理・精神医学系のコンテンツは，逆に不安や焦りを呼ぶので休養の妨げになります。

筆者の伊藤も疲労がたまって，初めて「おうち入院」にトライしたときは，初日はゴロゴロしていてもなかなか休んでいる気がせず，仕事のことや家族のことなどを悶々と考えてしまいます。スマホで日本ハムファイターズの動画を見たり，お遍路で巡ったときの写真を見たりしてなんとか気を紛らわし，おうち入院を続けました。そうすると２日目あたりから体に変化が現れます。どんな変化かというと，体を動かそうと思っても，だるくて動かせなくなってくるのです。布団の中で「ああ，やっぱり俺，疲れてたんだ」と気づきます。これまでは理性が，「仕事が遅れる，休んでいる場合じゃないぞ」と叱咤する声が大きかったのですが，体の細胞の一つひとつからの「疲れてるんだから少し休ませておくれ」という声が優勢になったようなイメージです。

私の場合，２日目は食事をとる元気もなくなりましたが，１日くらい何も食べなくても死にはしません。ただ，水分だけは補給しましょう。３日目も前半はやはり前日と同じような状況から始まりますが，お昼くらいからは，ちょっと頑張って体の覚醒をし始めます。ストレッチをしたり，軽い筋トレなどで少しずつ体を目覚めさせて夕食の時間には普段の休日のパターンに戻しておきましょう。３日目もずっとゴロゴロしてしまうとその日の夜に眠れなくなって，翌日の出勤に影響が出るということは避けたいところです。

このように３日でもしっかり休息がとれれば，かなりエネルギーが回復して，パフォーマンスも戻ってきているのを実感することができます。それが「おうち入院」の一番の目的ですが，もう一つ大事なことは，疲労が今の自分のさまざまな不調の原因だということを身をもって体験できるということです。これはセルフケアの視点ではとても重要で，不調を感じたら自らすぐに疲労への対処をすれば何とかなる，ということを学習したことになります。

ただ，ここで注意しなければならないのは，「おうち入院」で戻ったエネルギーは，意外に早く枯渇する，ということです。そもそも，第２段階の状態なら毎日２人前の仕事をしているようなものです。３日の休養である程度元気になれても一時的な回復でしかありません。ぜひ，仕事量の調整など根本的な疲労のコントロールをしてください。

先の事例で親の介護のため山形の実家に帰った物流会社のＢさん。母親の退院により家事全般をやらなくてよくなり，客観的にはだいぶ楽になりました。ところがＢさんは，逆にとても体が重く，眠れず，気力もなくなってしまったのです。このように気が張っていたのが緩んだときに急に自覚症状が現れることを「荷下ろし」と呼びますが，本人は訳がわからず，とても不安になります。

このように本人にとって落ち込むことでも，実は大きく見ると状況を変える転機になることが少なくありません。以前は，休むことに強い抵抗があったＢさんですが，今回は，「おうち入院」の提案を受け入れてくれました。3日間お休みをとり，自分でもびっくりするぐらい眠ったそうです。ようやくベッドから起き出すと，暖かい食事を母親がつくってくれ，そのことも，回復の大きな助けになりました。おうち入院をやってみて，Ｂさんも自分が本当に疲れていたことを認識できたのです。Ｂさんは，その後も，少しでも余裕があれば，何もしないでゴロゴロするような週末を過ごすようになりました。また上司にも実家の現状と自分の状態を打ち明け，仕事にも一定の配慮をしてもらえるようになりました。するとこれまで溜まっていた疲れが少しずつとれていき，3カ月後には元気を取り戻したのでした。

MC3のアプローチの現場での有効性

私たちが単純な医療の説明でなく，感情や蓄積疲労のメカニズムに基づいたMC3の対応をとっているのは次のような利点があるからです。

本人の無力感をいたずらに刺激しない

軍隊では戦争神経症という言葉を戦闘疲労と言い換えたところ，メンタルヘルスの活用が上がったという報告があります。

私たちは「自分が弱い」とか「弱っている」などと，あまり思いたくないものです。特にうつ状態で自分の自信がボロボロのときに，「あなたはもともとひ弱な体質で，自分のケアに失敗した，病的な状態だよ」と言われるより，「人一倍頑張ったから，疲れ果ててしまったね。疲れているだけだからしっかり休めば元の元気だった頃に戻るよ」と言われた方が，元気が出るし，対応に前向きに臨めるのです。つまり，現場では支援そのものより，その支援が持つメッセージが強い力を発揮することが少なくないのです。MC3は，メッセージを重要視したアプローチなので，現場で多くの人に受け入れてもらえるのです。

周囲の人からサポートを得やすい

「自己管理が悪くて病気になった人」に対して周囲は冷ややかな対応をしがちです。また“精神的な疾患”となると今度は，どのように対応していいかわからないために，関わることを控えようとする人たちも出てきます。あるいは本人の能力の高さを知っている人は，気合いを入れたり自己研鑽することで乗り越えさせるべきだと考えがちです。いずれも，うつ状態の人にとってつらい接し方です。

周囲の人にも感情・疲労の３段階を理解してもらうと，メンタルヘルス不調者の現状に応じた支援をしてもらいやすくなります。そして実はそのことは，周囲の人のストレスを大きく下げることにもつながります。周囲の人はメンタル不調者に対し過剰な期待を持って，イライラしたり，どう接すればいいか途方に暮れ不安になったりしているのです。不調者の現在地と行く先，接し方が見えれば，だいぶ安心します。

病気，病気でないの二極化による誤解を避けられる

医療のモデルは大きく元気か病気かの二極で考えており，方法論が充実しているのは病気への対処法です。ところが職場のメンタルヘルスは基本的には働いている人のケアを考えなければなりません。

よくある誤解が，例えばメンタル不調からの復職に際し「完全に治ってから出てきてくれ」というものです。これは医療の二極の発想です。全く元気に働いてる人，少し弱っているが働ける人，働けなくなりケアが必要な人という３つの区分で対応すると，復職はまず第２段階の状態から開始されるということが理解しやすくなります。

予防の段階に注意を向けられる

病気かそうでないかの二極であると，個人のケアでもラインのケアでも，病気になってからの対処，あるいは病気になるギリギリまで対処しないという人がほとんどです。それまでは多少の不調があろうが，無視するか我慢するという対応をとります。本当はもう疲労の第2段階にきていて，集中力や思考力に低下が見られ，人間関係も破綻しつつあっても，それをメンタルヘルスの問題と意識せず，その人の人間性や能力の問題と解釈してしまうのです。

これに対して企業全体で疲労の3段階の認識があれば，いつもと違う調子の悪さや疲労感に対し，比較的早期に異変として気づき，周囲も「だったら，おうち入院してみたら」などと早めの対応を勧めることができます。企業全体でそのような雰囲気が作られることが，実効力のあるメンタルヘルスケアにとって極めて重要なことなのです。

リーダーシップ上の問題を軽減できる

先にも触れましたが一般的な企業では疲労の第1段階にいる人が7割，第2段階にいる人が2割，第3段階にいる人が1割です。コロナなど多くの人がかかわるストレス状態の後は，第2·3段階が5割を超えることもあります。

第2段階は表面飾りをしながら仕事をしているので，リーダーにはそのことがわかりません。リーダーはいつものように論理的なリーダーシップを発揮するかもしれませんが，なかなかそれが機能しなくなってくるのです。感情の機能や疲労の第3段階を理解しておくと，職場にいる第2・3段階の人にも貴重な戦力として活躍してもらうためのアプローチを考えることができます。第2段階，第3段階の人を敵に回すか，味方につけるかで，企業の戦闘力は大きく変わるでしょう。

また，例えば仕事がうまくできない部下に対して，これまではその人の使命感や責任感を刺激したり，課題を与えて能力を高めようとしたかもしれません。熱心にコーチングする場合もあるでしょう。ところが，第2段階の人にとっては，それらの問題解決ルートでの支援が，より負担となり，蓄積疲労を増加させてしまう場合が多いのです。熱心な上司ほど，期待に応えない部下に熱くなり，パワハラに発展する恐れもあります。

部下の能力・性格・意欲だけを見るのでなく，疲労度を考えるようになると，適正な指導のヒントが得られるでしょう。それは指導者のストレスを減らすことにもなります。

第２段階職場の問題へも対応できる

従業員の３分の１が疲労の第２段階に陥っている職場を「第２段階職場」と呼んでいます。第２段階職場では，組織的なパフォーマンスがほとんど発揮されなくなります。

第２段階職場では，全体として，次のような変化がみられます。

- 挨拶が暗い，笑いが減る，愚痴が増える
- 残業が多くなる，ところどころで仕事がたまる，遅くなる
- 言った，言わないなどのトラブルが増える
- 仕事上のミスが増える，ミスへのあたりが強くなる
- 仕事を押し付け合う。手伝わない。いちいち意義を求める
- 少しの変更に対応できない，予定を知りたがる
- 小まめな「ほうれんそう」ができなくなる，嘘が多くなる
- 人間関係のトラブルが多くなる，他人の悪口が増える
- 部内派閥ができる，他部署との対立が多くなる
- パワハラ，セクハラ，いじめ等のトラブルが増える
- リーダーへの過剰かつ必死な期待（不満）が高まる

このとき例えば厚生労働省が提示する方法で，弱っている方を職場から外すと，残っている人の負担が増えてさらに離脱者が増えるという悪循環に陥ってしまいます。その間，もし補充される人がいても，まるで戦場に送り込まれるような恐怖を感じ，パフォーマンスも上がりにくいものです。この場合メンタルヘルス対策自体は手順通り進めているにもかかわらず，組織はじきに機能停止するでしょう。

この現象も，第２段階の人はいつもの２分の１の仕事しかできない，と考えることができると，解決策はメンタルヘルスレベルでの対策ではなく，リーダーが全体の仕事量をコントロールするしかないという結論に至ることができます。

第３章のポイント

- メンタルヘルス活動全体にかかわる知識（社会動静，自社の動向，法制の動静等）を押さえておく
- 人間の「感情」について知る。感情の３段階モデルのどこの段階にあるかで対応を変えなければならない
- 疲労の３段階モデルでうつ状態を理解する。疲労により，感情が恒常的に第２・３段階（うつ状態）になる場合がある。うつ状態では・自信の低下（無力感）・自責の念（罪悪感）・不安感・疲労感（負担感）がいつもより２・３倍強くなり，それが本人の苦しみの根源になる
- 悩みがあるからうつ状態になるのではなく，うつ状態で悩みが発生（悪化）するととらえて対応する
- うつ状態の方の支援のプロセスは，「味方になる」→「症状の確認」→「不調の理由説明」→「対処法の説明」→「できること探し」。うつ状態の対処の基本は，休養，受診，環境調整

第4章 実務者が鍛えておきたいコミュニケーションスキル

悩みを持つ人の「味方」になる

味方になることでメンタル不調者が救われるのは……

メンタル不調者は，疲労，感情の第2・3段階にいるため，論理からのアプローチは効きにくくなっています。上手に支援するには，感情の3段階を理解し，かつ感情の使用言語（距離，時間，回数，イメージ，雰囲気，体感……）などでアプローチするべきなのです。

例えば，疲労の第3段階にある人に，上司が真剣にその人のことを考え，言葉を選んで，助言したとしても，

- （真剣だからこそ）正面から身を乗り出し，眉をひそめ
- （いつもの癖で）大きな声で，かつ断定的な口調で
- （しっかり伝えようと）10分間

であったなら，メンタル不調者は，言葉の表面的意味より感情のメッセージを受け取ります。「上司の期待を裏切った，上司に怒られた」などと，受け取るのです。多くのメンタル不調者は，このように周囲の善意からのアドバイスで傷ついています。「今こそ，君が頑張らなければどうする，君なら乗り越えられる，期待しているぞ」という上司の言葉には，第3段階の2割の理性で，「本当にそうだ，ありがたい」とも思うのですが，8割を占める感情は，「ダメ出しをされ，責められ，行動や考えの変更を命じられた。『動け』と言われてその通りなのに，どうにも気力がわかない，自分のことを理解してくれる人は一人もいない」と受け取り，落ち込むのです。

このようにメンタル不調者は，多くの人に支援されていても，そのほとんどが，メンタル不調者を自力で立ち上がらせようとするものなので，本人にとっては無理を強要しようとする「敵」なのです。そういう人を支援するスキルが，第３章でも紹介してきた「味方になる」スキルなのです。

味方が得られれば理性的になる

味方になるには，具体的には p.57 で示したように，感情の第２・３段階用の話の聞き方をすることです。メンタル不調者は，表面上の問題を口にするかもしれませんが，その問題解決のために理性的にアプローチするのではなく，これまでどんな思いでその問題に取り組んだのか，どういう苦しさがあったのか，どんな試行錯誤があったのかという，苦しみや大変さや，これまでの努力のプロセスを聞いていくのです。問題も解決しないで，ただ話を聞いているだけで，その人の支援になるのか……という疑問を持つかもしれません。

しかしこのアプローチで，感情は，

- 自分の言いたいことを言え，否定されなかった（攻撃されなかった）
- 長い時間，自分に付き合ってくれた

と認識します。つまりこの，「攻撃されないで一緒にいてくれた時間」が，感情を落ち着かせるのです。感情が落ち着くと，現実問題にも自分の内面の問題にも，冷静に対応できるようになってきます。これから紹介するMC3は，カウンセラーとして支えるスキルとして開発されたものですが，特に味方になるプロセスでその効果を発揮します。

メンタルヘルス実務者は，かならずしもカウンセラーである必要はありません。ただ，メンタル不調者にとって，安心して相談できる相手であるように努力したいものです。信頼できる仲間であり「この人に任せれば，会社のことも法律のことも，医師との関係もうまくいく……」と思える人でありたいのです。

MC3はそんな味方になる人間関係づくりのために，大変効果的なスキルなのです。

MC3を活用して味方になる

MC3は，筆者たちが所属するNPO法人のメンタルレスキュー協会が「味方」という人間関係で支える方法として提唱しているもので，メッセージコントロール・ベイスド・クライシスカウンセリング（Massage Control based Crisis Counseling）の略称です。

メンタルレスキュー協会は通常のカウンセリングだけでなく，クライシスカウンセリングといって，うつ病などで「死にたい気持ち」をもった人や，震災や事件・事故に遭遇して大きなショックを受けている方へのメンタル面の支援をしている団体です。そのような危機的な状態にある方に対しては，何よりも相手との関係づくりが重要になります。そして，このMC3は職場などでのコミュニケーションにも大変有効です。

MC3は，どんな状況のクライアントにも対応できるような，深い理論で，かつそのトレーニング方法まで整備されています。その中でも本書では，「味方になる」段階に絞って，MC3の要点をお伝えします。

ポイントは次の通りです。

① 人はメッセージのやり取りをして交流している
② 言葉とは逆のメッセージが伝わることもある（裏メッセージ）
③ できるだけ誤解の少ない表現に努める（5ステップ［ファイブステップ］の活用）
④ 質問は裏メッセージに取られないよう配慮する（要約して質問）
⑤ アドバイスは，提案というより，話題提供と考える

それぞれ，具体的に解説していきましょう。

①人はメッセージのやり取りをして交流している

コミュニケーションの研究にメラビアンの法則というものがあります。大まかに言うと人が何かを伝えようとしたときに，相手に伝わるのは，言語情報は7%しかなく，残りの93%は非言語情報（身振り手振り，口調や声の大きさ）だというものです。大切なことを誰かに伝えようと思ったら，人は事前に「どう説明すればちゃんと伝わるだろうか」「この言い方でいいだろうか」など真剣に考えます。でも，そこで考えた言語情報で伝わるのはほんのわず

かで，相手は，むしろ話し手の表情や動き，声の大きさや会話の間などから多くの情報を受け取っているという研究です。

言語によるコミュニケーションが当たり前のように感じているかもしれませんが，人類の歴史から見れば，言語によるコミュニケーションは歴史が浅く，その大部分は言葉以外のコミュニケーションで意思疎通をしていたと考えれば，このメラビアンの法則もうなずけるところです。であれば，そこを逆手にとってこの93％の非言語の部分をトレーニングすることで，自分の気持ちを相手に伝えようというのが，MC3の基本的な考え方です。

②言葉とは逆のメッセージが伝わることもある（裏メッセージ）

さらに言語における情報伝達の誤解について考えてみましょう。

Mさんは最近，仕事でミスが多くなっています。上司の課長が心配して，メンタルヘルス実務者に，Mさんとの面談を依頼しました。【　】は，お互いの心の声です。

Mさん：お疲れ様です。課長に相談に行くように言われてきました。

メンタルヘルス実務者（以下：メン実）：やあMさん，お疲れ様。忙しいところ呼び出してごめんね。まあ，座ってください。

Mさん：はい，ありがとうございます。【いったい何があったんだろう】

メン実：うん，ちょっとね。実は課長が最近のMさんのことで心配していると聞いて，それで来てもらったんだ。何か先日，取引先の商談時間に遅れたらしいよね。

Mさん：はい，すいませんでした。【そのことで呼ばれたのか，あのことで大変なことにでもなっているのかな】

メン実：それで商談にはどれくらい遅れたんだい？

Mさん：はい。30分くらいでしょうか。すいません。【怒られた！】

メン実：それで先方は怒ってなかったのかい？

Mさん：う～ん，怒っているようには見えませんでしたが，何か先方から連絡が来たのでしょうか？【そうだよな……，30分も遅れたんだから怒られてもしょうがないよな】

メン実：いや，クレームなどは来ていないらしいから安心していいよ。でも

Ｍさん，何だか相当疲れているみたいだけど大丈夫？

Mさん：いえ，疲れているわけではありません。【え，疲れてやる気のない顔していたから呼び出されたのか……？】

メン実：そう？　睡眠はちゃんととれているのかな？【うつ状態かどうか確認してサポートしてあげよう】

Mさん：そうですね。普段よりはあまり眠れていないかもしれませんが，大丈夫です。【ほんとは全然眠れていないんだけど，あんまり言うと病人扱いされそう，ミスしてやる気ないと思われたうえ，体調が悪いとなると首になりそう……】

メン実：何時間くらい眠ってるの？

Mさん：ちゃんと計っている訳ではないのですが，3，4時間でしょうか。【う，どう答えるのが正解なんだろう？】

メン実：3，４時間しか眠れていないのは大変だよね。【苦しいだろうなぁ】

Mさん：……。【休めってことかな……。それで，そのあとクビ？】

メン実：他に普段の生活の中で困っていることないかい？　食事はとれてる？

Mさん：え？　食事ですか？【食欲はないけど，どう答えればいいのかわからない……】

このようにメンタルヘルス実務者が心配してなげかけている言葉も，実は別のメッセージとして受け取られてしまうことがあります。MC3ではこれを裏メッセージとして取られてしまう，と言っています。この裏メッセージ問題は，相談場面に限らず日常会話の中でも，少なからず起きるものです。考えが違う人間同士が対話しているのですから，発信する側の意図とは違ったメッセージにとられることは致し方ありません。

ただ，ここでメンタルヘルス実務者が注意しておかなければならいことは，疲労の第２・３段階でエネルギーが低下している人は，特にこの裏メッセージでとらえる傾向が強いということです。エネルギーが低下している人は，体が弱っているので攻撃されないように，常に防衛体制でいる必要があります。周囲の環境や他者との対話のなかに自分を傷つけるものはないかを常にアンテナを高くします。そうすると，元気なときには気にならないことも，ネガティブに受け止めてしまうことになるのです。特に，p.45 でお伝えしたように，自信のなさ，自責，不安，負担感の偏った視点で，メッセージを受け取ります。

Mさんのことを心配した質問に対しても，「何故そんなことを聞くのか」と疑心暗鬼になったり,「相当疲れているみたいだけど大丈夫？」と聞いても,「他者と比べて自分は弱いと思われているのか」と過剰に反応したりするのです。

MC3 では，言葉以外の表現を豊かにして，この裏メッセージをできるだけ少なくしようとしますが，かといって，裏メッセージをゼロにしようともしません。ある程度は仕方ないことと受け止めます。一方で，裏メッセージにとられたことに早い段階で気づいて，その後修正していくことを推奨しています。

会話の中で相手が

- 「でも……」と言って表情が曇る
- 同じことを何度も話す
- 言い訳を繰り返す
- 急に話さなくなる
- 急に攻撃的になる

などのとき，裏メッセージとして取られた可能性が高いと考えてください。そんなときは,無理にこちらの主張を通そうとするのではなく,いったん「ごめん,何か違ったかな」「ごめん,あなたの今の気持ちを教えてくれないかな」と謝って，相手の素直な気持ちを聞いてみます。これまで話してきた会話をいったん振り出しに戻して，相手の本音をしっかり聞くことができます。先ほどの事例であれば，Mさんが「食事ですか？」と聞き返してきたときに裏メッセージとしてとらえられたことを感知したいところです。

対応としては「ごめん，何だか次々に質問してごめんね。何か気になったかな」とMさんの気持ちを聞いてあげましょう。「いえ,気になったというか,自分は辞めさせられるのかなぁと思って……」と本音を言ってくれるかもしれません。

このように裏メッセージに取られることはネガティブな面がある一方で，相手の本音を知ることができるチャンスでもあります。裏メッセージに取られたことに素早く気づいて，その後修正することに重きをおくのが MC3 のポイントです。

③できるだけ誤解の少ない表現に努める（５ステップの活用）

ここからいよいよ，メンタルヘルス実務者に習得していただきたいスキルに入ります。先に，人は言語以外に表情，身振り手振り，声の大きさなどの非言語情報でやりとりをしている，とお話ししましたが，その非言語情報の伝え方を具体的に学びましょう。

本来は豊かな表情で誤解の少ないコミュニケーションができればいいのですが，俳優でもない限り，難しいものです。そこでMC3では，誤解が生じにくい表情を作るために，５つのうなずきを練習してもらいます。５ステップの習得と呼んでいます。ここでいうステップとは階段のステップではなく，ダンスのステップのことです。話し手と聞き手が心地よく踊るために基礎ステップを覚える，というイメージです。一つずつ解説します。

■興味津々のステップ（メッセージは「もっと教えて，それでそれで」）

１つ目は「興味津々」のステップです。このステップは会話のあらゆるところで使われます。心の中で「もっと聞かせて」と言いながら話を聞きます。聞くときの姿勢はちょっと前かがみになり，目は見開きます。

そして，切れのいい小刻みなうなずきをします。うなずきにプラスして「はい」「うん」「ええ」といった声も入れていきます。このとき注意するのは「はい」だけとか「うん」だけだと単調になり，ステップがうまく踏めません。バリエーション豊かに発するとスッテプが軽やかに流れていきます。「うんうん，はい，ほうほう」といった感じです。この興味津々は話し手から見ると「自分のことに関心を持ってくれている」と感じてくれるので話が進みます。

余談ですが，筆者の伊藤は社内で何百人もの社員と面談していましたが，ある会議に参加しているときに後ろから「伊藤さん，ご無沙汰しております。その節は大変お世話になりました」と声をかけられたことがありました。しかし，大変申し訳なかったのですが，その社員の顔に見覚えがなく，名前はもちろんどんな話をしたかも覚えていませんでした。一度謝って名前を聞こうと思いましたが，その社員は「あれから僕もいろいろ考えましてね……」と話をどんどん続けていきます。名前を聞くタイミングを逸した私は，とりあえず話を聞いていれば思い出すだろうと「興味津々」のステップで聞いていましたが，なかなか思い出すことはできません。でも，その社員が今話している内容は聞いていてわかりましたので，興味津々のステップを使い，心の中で「それでそれで」と思い聞いていました。

「……その頃が一番しんどかったですね。（うんうん）もう一度伊藤さんに相談しようかなとも思ったのですが，（うん）もう少し一人で頑張ってみようと思いまして，（そうかあ）そうしたら事態が大きく変わってうまくいき始めました，ははは。（ああ，そう）ありがとうございました」

その社員は満足そうに笑顔で一礼して，私の前から去っていったのです。ちょっと，狐につままれた気分にもなりましたが，興味津々のステップの大切さを感じた一瞬でした。

■了解のステップ（メッセージは「なるほど」）

次が了解のステップです。ある程度話を聞くと，「状況がイメージできたよ」という場面があります。そんなときに使うステップです。

興味津々と違って，了解は大きなゆっくりとしたうなずきです。このステップのトレーニングをしていてよく見られるのですが，本人が思っているほどうなずきが大きくない，ということです。了解のうなずきは，一度天井を見てから大きく頭をおろしてきて，下あごが胸までくっつくまで動かすイメージです。何だか大袈裟で恥ずかしいと思うかもしれませんが，だれかに見てもらうか，こっそり自分をスマホで動画撮影してみてください。自分が思っているような動きになっていないことがわかりますし，言われた通りにやってみたときの動画を見ると，それが決してオーバーな表現になっていないことがわかると思います。心の中で「そうだったんだね」とつぶやく感じです。

話し手は「ああ，聞き手の人は私の話を理解してくれた」と感じて，またどんどん話をしてくれることでしょう。

■驚きのステップ（メッセージは「びっくり，マジ！？　うっそ〜」）

驚きのステップにはさまざまなバージョンがあります。興味津々で聞いていた小刻みなうなずきがピタリと止まって目を見開く。息をのむ，口が半開きで止まるといった静止系，のけぞったり，前のめりになったり，「マジ！？」

「ほんと？」「うそ？」と声に出す動作系があります。

驚きのステップは自分のやりやすいものでかまいません。自然に出てくる驚きのステップを使っていいのですが，ご自身の驚きがあまり驚いているように見えない場合もあります。これもスマホ動画などで見てみるといいでしょう。「わざとらしくてオーバーに感じてできない」という人は，静止系を使うといいでしょう。ただ，静止系が驚きとして話し手に伝わるには，その前の興味津々や了解のステップがちゃんとできており，それらとの違いがはっきり分かれていることが前提となります。

では，驚きのステップは話し手にとってどんな効果があるのでしょうか。一般的に相談する話し手の心理は，自分の悩み事は聞き手の人にとってどう感じているのか不安に思いながら話していることが多いものです。例えばあなたが上司に叱責を受けて，ショックを受けたことを誰かに相談している場面を想像してみてください。あなたは聞き手の人から，「そんなことよくあることだから気にするな」と一蹴されないか不安に思いながら話していないでしょうか。そんなときにタイミングよく驚きのステップを入れてもらえば，「ああ，私の体験したこと（上司からの叱責）は聞き手の人も驚くようなつらい体験だったんだ」と安心できますよね。

驚きのステップは了解とともに「わかってくれたぁ」と感じて，話し手がまた話を続けたくなる効果があります。

■保留のステップ（メッセージは「良く理解できないな，もっと教えて」）

話し手はいつでも，聞き手にわかりやすく話してくれる訳ではありません。聞き手が，複雑な状況をなかなか整理できず，少し話をさかのぼって聞き返したいと思っても，話し手が気持ちよく話し続けることがあります。そんなときにはこの保留のステップを使います。

保留にもいくつかのバージョンがあります。例えば，興味津々で細かく，リズム良く入れていたうなずきを，だんだんゆっくりにします。「はい……はい……うーん」と言いながらちょっと目を泳がせます。そして一生懸命理解しようと考える表情をつくります。これで「ちょっとわからなくなってきました」というメッセージが伝わります。ほかにもうなずきは続けながら，少し口をとがらせて何か言いたげにしたりする場合もあります。このステップを使えば，ほとんどの場合話し手は「あ，何かわからないですか？」と話を止めてくれます。止めてくれたらその後，質問をして理解を深めていく流れになります。

保留のステップで注意しなければならないのは，あまり強く出しすぎると，話し手の考えを否定しているのではないか？　と裏メッセージにとらえられてしまうことです。なるべく攻撃性のない表情でこの保留のステップを使います。メンタルヘルス実務者は，いつも相談的なコミュニケーションだけでなく，ハラスメントといった人間関係の問題を取り扱うこともあると思います。話し手は案件の当事者ですので，話している中で時として相手方の痛烈な批判，会社に対する不満などが出てくることがあります。

興味津々や了解のステップで聞いていけば，このメンタルヘルス実務者はわかってくれる人だ，と感じて延々話し続けそうな勢いになることもあります。聞き手側もそろそろ話を展開させたくなることでしょう。そんなときにもこの保留のステップを使います。ベースは興味津々で「あなたの考えをもっと聞かせて」というスタンスで聞いていきますが，ひとしきり聞いたタイミングで保留のメッセージを出すと，攻撃性がなく話を止めることができます。「○○さんはこう考えているんだね。相手方はどう考えているんだろうか？」という質問をすることで，会話の主導権をこちらに持ってくることができるのです。

ただ，何度もいいますが，あまり攻撃的に話を止めると（「ちょっと待って，あなたの言い分はわかったけど……」など），せっかくできた信頼関係が崩れてしまうので気をつけましょう。

■共感のステップ（メッセージは「わかるよその気持ち」）

最後のステップは共感です。スキルとしての共感のステップの説明の前に「共感」という概念について少し整理しておきましょう。

共感はコミュニケーションに関する書物には必ず出てくるワードでもあります。それゆえに「どうしたら共感できるでしょうか？」という質問をよく受けることがあります。

MC3が考える共感は，話し手が抱いている感情と全く同じ感情を聞き手も持つこと，とは考えません。聞き手側にも感情や立場というものがあります。それらを無視して，話し手の気持ちと一緒になろうとするのは，とても難しいことでしょう。MC3では，相手の苦しさとかつらさの量と質をできるだけ想像し，それを伝え返すことだと考えています。別に相手の価値観や行動を全部受け入れることではないのです。

特にメンタルヘルス実務者はその企業の中での立ち位置から，この共感のステップをどこまで出していいのか？　共感しすぎると後戻りできなくなるのではないか？　であれば共感はしない方が仕事は進めやすいのではないか？　という不安を持ちながら対応していることが多いと思います。しかし，MC3の考え方では企業の中での立場とは関係なく共感はできます。もっと言えば共感のない対話の中で，話し手に自分の企業での立場を理解してもらうことはできない，と考えています。

では具体的な共感のステップのやり方ですが，納得のうなずきに，今共感するべき話題に応じた表情と声を合わせます。眉間にしわを寄せて「うーん，はいはい，あー」といった音を入れながら聞くと，聞き手はその表情と音声で，私の気持ちをわかってくれていると感じてくれます。言葉で「つらかったね」と言ったとしてもせいぜい１回か２回。それ以外はこの共感のステップを使ったほうが，より「わかるよその気持ち」というメッセージが伝わります。

共感のステップを使う場面としては，話し手の感情が出てきたときです。ここで注意することは，「つらい」「悲しい」「困った」「苦しい」といった直接感情を表すワードが出てきたところで，すぐに反応して「そう，つらかったんだね」と返さないことです。人間の感情は何もしていないところで湧き上がることはほとんどなく，何かの出来事があって感情が生まれます。「子どもが生まれてうれしい」「昇進してうれしい」といったポジティブな感情もあれば，「昇進できなくて悔しい」「仕事が忙しくて苦しい」「彼氏彼女にふられて悲しい」といったネガティブなものもあります。相談の場面では後者のネガティブなものに注目するのですが，いずれにしても感情の言葉が発せられるところには，なんらかの出来事（体験）があります。その出来事（体験）を具体的にしっかりと聞いて初めて共感というステップが生きてきます。

簡単にいえば，出来事を聞かない共感はとても薄っぺらいということです。もう一つ注意しておきたいのは，聞き手側が感情の単語を連発することです。

話し手のつらい話をあまり具体的に聞かず「大変だったねぇ」「そりゃきついよね」「つらかったねぇ」を連発すると，だんだんそのメッセージが薄くなっていく，ということが起こります。何かを誰かにお願い事をしたときに「はい」と１回で返すのと，「はい，はい」と２回で返すのとで印象が変わりますよね。「はい, はい, はい」ともなれば「もうわかった！　引っ込んでろ」ぐらいのメッセージになっているかもしれません。

繰り返すことで，メッセージが変わることもあるのです。

④質問は裏メッセージに取られないよう配慮する（要約して質問）

コミュニケーションは，相互に理解を深めながら進めるものですが，欠かせないのが，質問をすることです。ところが，メンタル不調者の支援をするときにこの質問が，裏メッセージとして受け取られることが多いのです。

先ほどの商談に遅刻したＭさんとの対話の事例で言えば，メンタルヘルス実務者は商談に遅刻したＭさんに対して，どれくらい遅刻したのか，遅刻した事実を先方はどう受け止めていたのかを聞いています。ただ，その質問の仕方に注目してください。

メン実：うん，ちょっとね。実は課長が最近のＭさんのことで心配していると聞いて，それで来てもらったんだ。何か先日，取引先の商談時間に遅れたらしいよね。

Ｍさん：はい，すいませんでした。**【**そのことで呼ばれたのか，あのことで大変なことにでもなっているのかな**】**

メン実：それで商談にはどれくらい遅れたんだい？（質問）

Ｍさん：はい。30 分くらいでしょうか。すいません。**【**怒られた！**】**

メン実：それで先方は怒ってなかったのかい？（質問）

Ｍさん：う～ん，怒っているようには見えませんでしたが，何か先方から連絡が来たのでしょうか？**【**そうだよな……，30 分も遅れたんだから怒られてもしょうがないよな**】**

メンタルヘルス実務者としては，遅刻したことをあまり責めないように配慮したつもりですが，質問という形式自体に「相手が責められたように感じ取られてしまいやすい」という特性があることを知っておくべきです。尋問とか詰問などという言葉がありますが，質問は，問いただしている印象がどうしても生まれます。「どれぐらい遅れたの？」「先方は怒ってなかったのかい？」と連続・矢継ぎ早の質問は相手を萎縮させてしまいかねません。「質問にはトゲがある」と思って，そのトゲを抜いてから質問すればコミュニケーションがスムーズに進みます。

しかし，質問そのものは決して悪いことではありませんし，質問することで話し手が気づいていないことが見えてきたり，MC3的にも「あなたに関心があるよ」という重要なメッセージが伝わり効果的な面も多いものです。

では，そのトゲを抜くにはどうすればいいでしょうか？　それは質問する前に必ず要約を入れるということです。要約してから質問すると，会話の雰囲気が変わるのを先ほどの事例で見ていきましょう。メン実の返す5ステップの一例も入れておきます。

メン実：うん，ちょっとね。実は課長が最近のMさんのことで心配していると聞いて，それで来てもらったんだ。何か先日，取引先の商談時間に遅れたらしいよね。

Mさん：はい，すいませんでした。（メン実，了解のステップ）

メン実：そうか，遅刻しちゃったんだね（要約）。それで商談にはどれくらい遅れたんだい？（質問）

Mさん：はい。30分くらいでしょうか。すいません。（少しの驚き）

メン実：30分，結構遅れたね（要約），それで先方は怒ってなかったのかい？（質問）

Mさん：う～ん，怒っているようには見えませんでしたが（興味津々）何か先方から連絡が来たのでしょうか？

メン実：いや，クレームなどは来ていないらしいから安心していいよ（要約と応答）。でもMさん，何だか相当疲れているみたいだけど大丈夫？（質問）

Mさん：いえ，疲れているわけではありません。（興味津々）

メン実：そう，疲れている感じはないんだね（要約）。睡眠はちゃんととれているのかな？

Mさん：そうですね。普段よりはあまり眠れてないかもしれませんが，大丈

夫です。(保留)

メン実：あんまり眠れてないって(要約)，何時間くらい眠ってるの？

Mさん：ちゃんと計っている訳ではないのですが，3，4時間でしょうか。(驚き)

メン実：3，4時間しか眠れていないのは大変だよね(要約)

Mさん：……(温かい笑顔で観察)

メン実：睡眠があまりとれていない他に，普段の生活の中で困っていることないかい(要約＋次の質問の背景説明)？　食事はとれてる？

このように，質問が連続したとしても，その前に相手が言ったことを少し要約した言葉を入れてから質問すると会話全体の雰囲気がかなり変わってきたことにお気づきでしょうか。要約を入れると，詰問調のリズムが緩みます。また，次の質問がどういう意図で質問されるのかを察することができるようになります。これを「質問の背景説明」と呼んでいます。どうしてこの質問をされるかがわかると，いたずらに質問を裏メッセージにとることが少なくなります。「質問したくなったら要約してから」という公式を常に意識しましょう。

⑤アドバイスは，提案というより，話題提供と考える

ここで紹介する最後のポイントです。一般的な傾聴スキルを学ぶと，基本は話し手に話してもらい，アドバイスはなるべく控えようと指導されることがありますが，ビジネスシーンでは問題解決に関するコミュニケーションが多くなるので，アドバイスしない，という訳にはいかないことが少なくありません。「エクセルの関数の使い方がわからない」と頭を抱えている部下に「エクセルの関数がわからないんだね。それは困ったね」ではすみません。ビジネス場面ではさまざまな悩みが生まれます。

しかし，エクセルのように答えが見つかりやすい問題もあれば，上司だってわからない問題(相談されても答えがすぐみつからない)が数多くあります。特にその人の生き方に関する問題には，簡単にアドバイスできません。とはいっても質問されたら何か上司として，それなりの正解みたいなものを伝えたくなるのもわかります。ですから，アドバイスはしても差し支えないのですが，アドバイスするときには，コツがあります。

それが「アドバイス，どう？　……だよね」です。

アドバイスをする場面には大きく２種類あると考えています。それは相手がアドバイスを求めているかどうかの違いです。「どうしたらいいでしょうか？」と積極的に解決策を求めている場合は，先のエクセルのアドバイスのように相手も受け入れてくれるでしょう。問題は，相手がアドバイスを求めていないけれども，こちらがアドバイスをしたいときです。この場合，いくらこちらが親身になってアドバイスしても，まったく理解してくれなかったり，受け入れてくれなかったりすることが多いものです。

まず考えてほしいのは，相手が疲労の第２・３段階にいる可能性です。アドバイスは変われというメッセージ。これに抵抗するのは，相手が疲れて，「変われない」モードに入っているからかもしれません。一方，疲労の第１段階の元気なときでも，人はアドバイスに抵抗することがあり，アドバイスしたことで，人間関係が崩れることもあります。このとき，相手に受け入れられやすいアドバイスの仕方があります。それが，「アドバイス，どう？　だよね～」という公式です。

先ほどのメンタルヘルス実務者とＭさんの事例の続きを見てみましょう。まずは，ダメな例からです。

メン実：そうか，最近は睡眠も３，４時間しかとれなくて，食事もとれてはいるけど食欲もなくておいしくないんだね。お休みの日はどうしてるのかな？

Mさん：ちょっとシャキッとしようと思って，ジョギングをしています。（興味津々）運動すれば体力も作れるし，夜も眠れる，お腹も空いてくるだろうと先週から始めました。（興味津々）

メン実：え？　ジョギングを始めたんだ。それでどうだった？

Mさん：ハーフマラソンにも参加したことが何度かあったのですが，前のように何キロも走れないで，途中から歩いて家に帰りました。（驚き）たいして走ってもいないのにひどく疲れました。（了解）それで，結構落ち込みました。（共感）

メン実：そうか，以前のＭさんではない感じなんだね。**【これは疲労の第２段階から第３段階の可能性があるな。疲労への対処が必要だな】**

Mさん：……ええ。(共感)

メン実：Mさんは今かなりエネルギーが落ちている状態だと思うので，休日のジョギングはやめて，休息をとった方がいいな。〈アドバイス〉

Mさん：……。(温かい笑顔で観察)

メン実：ジョギングは元気になってからすればいいじゃないか。

Mさん：でも……。

メン実：しっかり眠るために心療内科に行って睡眠導入剤をもらうといいよ。〈アドバイス〉

Mさん：心療内科はちょっと……。

この状況は，お互いにキャッチボールができておらず，一方通行のコミュニケーションになっています。アドバイスをすなおに受け入れてくれるような状況ではありません。ここは何とか双方向のやりとりを復活させる必要があります。双方向のやりとりに戻すにはアドバイスをしたら，すかさず「どう？」と付け加えて，必ず相手の意見や気持ちを聞くというアプローチをします。

これで少なくとも一方通行ではなくなります。双方向の対話になれば，コミュニケーションに厚みがでてきます。また，相手に振ることで，その案が相手にとってどうして難しいのかという，新たな情報や心情を聞くことができます。「そんな簡単なものではない」という共通の理解によって味方の関係が深まります。ですから，「どう？」と聞いて「それは難しくてできません」と言われたら，「だよね（できないよな)」「どんなとこが難しい？」と話を膨らませます。このとき注意しなければならないのは，自分が提案したアドバイスに固執しないことです。「アドバイスは実行させるものではなく，否定されるのが正解」とあらかじめ心の中で準備しておいてください。とかく，自分の行ったアドバイスを受け入れてくれないと，自分を否定されたような気持ちになってしまい，さらに自分のアドバイスをそのまま押しつけたくなります。それが正論であると自信があるほど，アドバイスの押しつけが止まらなくなってしまいます。

Mさんが休日にジョギングするのは，感情と疲労の３段階について学んでいる実務者としては，「それはしがみつきだ（p.44)，何とか止めさせたい」

という気持ちになるのもわかります。しかし，無理強いは逆効果。せっかくこれまで醸成してきた味方の関係性が崩れてしまいます。アドバイスを受け入れさせることより，味方の関係を重視するのです。

「アドバイス，どう？　だよね～」の公式を使った例を見てみましょう。

メン実：そうか，以前のＭさんではない感じなんだね。【これは疲労の第２段階から第３段階の可能性があるな。疲労への対処が必要だな】

Ｍさん：はい。（了解）

メン実：Ｍさんは今かなりエネルギーが落ちている状態だと思うので，休日のジョギングはやめて，休息をとった方がいいんだけど，どう？〈アドバイス，どう？〉

Ｍさん：休息といっても家でダラダラしていたら，また夜眠れなくなりますので……。（了解）

メン実：だよね～。昼間に寝ちゃったら夜目が冴えちゃうよね。だからジョギングしたくなるんだよね。そうだなぁ，疲れをしっかりとる何かいい方法はないかなぁ……（「一緒に考える」間）……例えばジョギングはきついので，ウォーキングに変えてみるのはどう？〈アドバイス，どう？〉

Ｍさん：ウォーキングですか……。（興味津々で観察）

メン実：【お，それほど抵抗感がなさそう】ウォーキングだとＭさんの疲れた身体にそれほど負荷をかけなくて済むし，疲れたらすぐに家に戻ってこれそうだし。どうかな？〈アドバイス，どう？〉

Ｍさん：そうですね。ウォーキングなら……（興味津々）私ってそんなに疲労しているのでしょうか？

メン実：うん，ちょっと疲れがたまってきていてパフォーマンスが落ちてきていると思うな。だからＭさんらしくない遅刻をしちゃったんだと思うよ。でもちゃんと疲れに対処していけば，必ず元のＭさんに戻れるからね。

Ｍさん：はい。

メン実：疲れの対処は何よりも睡眠が一番なんだけど，その睡眠が十分とれていない状況なので，薬の力を借りてゆっくり休むと効果的なんだけど，どうかな？〈アドバイス，どう？〉

Mさん：薬って睡眠薬ですか？　それはちょっと。(少しの驚き，了解)
メン実：だよね～，やっぱり抵抗あるよね～Mさんは薬に抵抗あるのかな？それとも心療内科のような病院に行くのが嫌なのかな？
Mさん：心療内科に行くことでしょうか。何か敷居が高くて……。(興味津々)
メン実：それならば，かかりつけの内科があればそこでも今の症状を言ったら薬を出してもらえると思うけど，どう？〈アドバイス，どう？〉
Mさん：そうなんですね。いつも行く内科でもいいのなら行けます。(了解)
メン実：そう，できそうなんだね。それは良かった。
Mさん：やっぱり，ウォーキングもしばらくはしない方がいいのでしょうか？(興味津々)
メン実：うん，できればね。Mさんのエネルギーが回復してきたら少しずつ始めていくのが理想的だとは思っているよ。
Mさん：はい，わかりました。(了解)

私はこの「アドバイス，どう？　……だよね」を何回か繰り返しているうちに，最終的には，最初に提案したアドバイスを受け入れてくれたことが何回もありました。

では，なぜ一度否定されたアドバイスが最後には受け入れてもらえたのでしょうか？　それは，相手を尊重しつつ，熱心に，かつ共同して問題に取り組む「時間」と「雰囲気」で味方の関係が強化されたからです。人は，敵の言うことは聞きませんが，味方の言うことには耳を傾けます。アドバイスはその「内容」ではなく，「誰がくれたか」のほうが重視して受け入れられるのです。

アドバイスがなかなか受け入れられなかったり，理解してもらえないとき，自分のアドバイスの有効性を理解してもらえていないと考えるのではなく，目の前にいる人はどんな気持ちでいるか？　を考えてみましょう。先の事例のMさんも，もしかしたら，遅刻をしてこれからこっぴどく叱られるかもしれないとひどく警戒していたのかもしれません。ですから，一つのアドバイスに固執するのではなく，早い段階で味方関係に持っていくことが重要なのです。

それでは，味方になるためにはどうすればいいでしょうか？　これまで説明してきたMC3のポイントをフル活用して対話することです。特に5ステップで体験（出来事）をしっかり聞き，そこに絡まる感情をしっかりと受け止め要約し，質問します。その時間をしっかりつくれば，味方関係はおのずと醸成されていくでしょう。

コミュニケーションスキルは一次予防（啓発教育）の重要なアイテムに

この章では，メンタルヘルス実務者がメンタル不調者に上手に対応するためのスキルとしてMC3からいくつかのポイントを紹介してきました。若干スキルの細部にわたる解説をしてきましたが，それには理由があります。実は，この内容は，そのままライン相談などのコミュニケーション教育に使えるからなのです。

ここで紹介した相談場面は，ラインでの相談場面でも起こり得るものです。ラインにおける部下とのコミュニケーションでは，問題解決の視点だけで対話しがちです。難しい相談に対して，頭を絞って起死回生のグッドアイデアを懸命に考えてしまいがちですが，今の世の中，そんなに簡単に答えがでるようなものではありません。問題解決できないで困っている部下の感情も聞きながら味方感を醸成し，上下や対立の構造ではなく，共同作戦，味方の雰囲気を作りながら，試行錯誤していくというのが，この不透明な時代のコミュニケーションなのではないでしょうか。

中でも味方の関係は，どんな人間関係でも円滑に進めるために重要です。私がアドバイスを何回か繰り返しているうちに，結局最初の提案を受け入れてもらったのは，アドバイスを押しつけることなく，「だよね，なかなか難しいよね」と，相手を責めないことを繰り返すうちに，味方感が醸成されて防衛的反応が薄れバリアがなくなったからです。その味方の関係を具体的に作るのが，ここで紹介した，MC3の5ステップ，要約・質問，アドバイスのスキルです。味方の関係は，指導場面だけでなく，日常的な交友関係でのストレスを減らす効果も大きいものです。さらに言えば，営業などのコミュニケーションにも使えます。啓発教育として，MC3をどう教えていくかは，第8章（p.170）でご紹介します。

第 4 章のポイント

- クライシス（自殺念慮対処・惨事対処）で開発されたコミュニケーションスキル MC3 は，どのメンタルヘルスの現場でも有効
- MC3 の基礎，5 ステップ，①興味津々，②了解，③驚き，④保留，⑤共感
- 質問するときは，要約してから質問
- アドバイスしたくなったら「アドバイス，どう？　だよね」
- MC3 のコミュニケーションは日常で使われると，メンタル不調を防ぐ（一次予防）

第5章 まずメンタルヘルス業務の目標を意識する

目標を考察してみる意義

さてここからはいよいよ企業のメンタルヘルス業務を具体的にどう進めていくかについて考えていくのですが，まず「目標」について考えてみましょう。

私たちがたくさんのメンタルヘルス実務者を指導していて，一番注意しなければならないと思っているのが，目標を明確にしないまま業務を進めていることが多いということです。

とりあえず厚生労働省の指針に示されていることをやったり，目の前のメンタル不調者を支援するということで日々を過ごしているうち，「何のためにこの業務をやっているか」という大きな目標に注目しなくなることがあるのです。大きな目標が明確でないと，いつの間にか「どうにかしてあの人を復職させる」という目の前の作業が目的となってしまい，そのことで企業運営のバランスを乱すことになっても，必死で業務を進めてしまいます。そうなると企業からの信頼もなくなります。企業からの信頼がなくなると，ほかのメンタルヘルス施策を打つことが難しくなります。

また，そんなときメンタルヘルス実務者としては，「企業はちっともわかっていない」と不必要な怒りを持ち，モチベーションも下がります。そういう実務者に「あなたは何のためにメンタルヘルス業務をやっているのですか」と聞くと，「メンタル不調者のためです」と答えることがありますが，今支援している，その人はサポートできても，今後の他の人達のサポートは難しくなるのです。人は目の前の作業をするとき，どうしても大きな方向性，目的・目標を見失いがちです。メンタルヘルス業務でも，ぜひ大きな目標を忘れないようにして仕事をしていきたいのです。

また，目的・目標は評価の原点でもあります。自分の仕事が「役に立っている」「うまくいっている」と判断する（感じる）には，それなりの基準があるのです。目標を明確にしないと，自分自身への評価も，その基準によって左右されてしまいます。例えば，一生懸命支援したのに，ある優秀な社員が退職したとしましょう。「退職させない」が目標なら，失敗です。ところが，「その人の人生をサポートする」が目標なら，次のスタートを上手に支援できた，という評価もできます。会社も本人も退職に前向きなのに，メンタルヘルス実務者だけ，ダメだった……と落ち込むのは，もったいないことです。ぜひ，自分自身を適切に評価し，モチベーションを維持できるような現実的な目標を持てるように準備しましょう。

この観点からいうと，目標は，大きな計画で明確にするものだけでなく，実は日常の業務の中でも細かく目標を立て，行動し，評価しているのです。日常業務を考察する際，手順だけに目が行きがちですが，まずは目標，そしてそれに基づく評価を問い直してみることが重要です。問題だと思っていたことが，目標と評価を見直すことで，もしかしたら，問題ではない，という評価に変わるかもしれません。例えば，相談件数が伸びないとき，いろいろ新たな対策を打ちたくなりますが，「今は相談業務があることを周知する」という目標に向かって行動しているということを思いだせば，今の施策を継続できるのです。

メンタルヘルスの目標は企業から降りてきにくい

通常の業務なら，企業のトップが，明確な目標や方針を示してくれます。ただ，メンタルヘルス業務に関してはそれがあまり期待できません。それには，2つの理由があります。

企業のトップは，その業界のエキスパートであっても，ほとんどの場合メンタルヘルスについては素人であること。だから深い考察に基づく，目標や方針を示せないのです。もう一つは，メンタルヘルスについての目標を明確にしようとすると，企業運営上難しい問題に直面することが多いからです。

具体的には，

- メンタル不調者の人事的な扱いをどうするか
- 会社は利益のために従業員にストレスを与えざるを得ない場面が多くある。社員のストレスを少なくするのは運営をしにくくする恐れがある
- 周囲の協力を得るためメンタル不調者の個人情報についてどれぐらい配慮するのか

などです。生き残りをかけた資本主義経済の中で，戦力にならない従業員への対応は極めてデリケートな問題です。ですから，実は重要な部分をあいまいにしたまま，表面的なメンタルヘルス業務を進めている企業が多いのです。いわゆるコンプライアンスの観点から，ホームページや会社案内には，もちろん美しい言葉や目標が掲げられていますが，実態は違う動きをしていることが少なくないものです。

コラム

関心はあるが人事を知らない上司にどう対応するか

メンタルヘルスに関心はあるが，その知識や現場の情報がない上司が，善意からいろいろなことを指示してくることもあります。メンタルヘルスの問題の多くは，昔からあるもので，対策を打ってもなかなか効果が表れにくいもの（遅効性）です。実務者がコツコツと成果を積み上げていても，新着任の上司が「成果が不十分」「根本的にアプローチが間違っている」「真の問題をとらえていない」「データ分析ができていない」とか「勢いが足りない」など，ビジネス系で成功してきた自分のスキルと信念で，メンタルヘルスの問題も改善しようとすることがよくあります。自衛隊でも，多くのやる気のある上司が，全く同じパターンで，まずは現状分析をやり直し，問題分析，計画の作成，実行というサイクルを回してきましたが，残念ながら，同じところをぐるぐる回るだけで，なかなか思うような成果が上がらないどころか，停滞，あるいは後退することも多かったのです。

人の心，集団の雰囲気を変えるのは，信頼や安心が基準になります。信頼や安心は時間をかけて醸成するものです。工場を建設するのとは大きく違うのです。しかし，メンタルヘルス実務者が，ある目的をもって業務を

適切に実施し，それを上司に説明しても，もし従業員のストレス度や不調者の数などのデータが悪いと，なかなか上司の理解を得にくいものです。他の人事や保険，法務スタッフが，上司の案に同意すれば，新しい施策が組まれてしまい，これまでの施策が中断したり，趣旨が変わってきて，積み上げが止まってしまうことが多いのです。

それを避けるためにも，まずはメンタルヘルス実務者が，きちんと目標を確立するだけでなく，ある程度のわかりやすい実績を作ることです。実績の作り方，上司へのプレゼンの方法については，第８章でお伝えします。

目標の持ち方

それでは自分自身で目標を考察する手順を紹介しますが，まずは，目標についてもう一度，その必要性と効果を整理しておきます（ここでは，大きな狙いを目的，それを細分化したものを目標，さらに実施の細部まで詰めるものを計画（実施要領），と呼ぶことにします）。

目的・目標によって行動が変わる

例えば，同じストレスチェックをするにしても，「何のために」という目的・目標があるときと，そうでないときでは実施要領が変わってきます。例えば，パワハラの兆候をできるだけ早期に察知したいと思えば，通常のストレスチェックに合わせて，パワハラ関連の質問を加えることもできます。相談室の運営についても，「日中に相談ができない人に窓口を開こう」とする目標があるときは，オンライン窓口や時間外窓口を整備するでしょう。ただ，指針に示されているから，と形だけの業務をしていると，それは「役所に不備を指摘されない」という受動的目的に沿っているだけのことになります。このようにきちんと目標が意識され，関係者に合意を得て進める業務は，実行する際に，迷うことが少なくなります。

先にも紹介しましたが，メンタルヘルス業務というのは，葛藤の多い業務です。そのとき「何のため」にがきちんとしていれば，迷いが少なくなります。そのためには目標を明確にする際に，きちんと「これはどういうメカニズムで企業に貢献するのか」という流れを考えておくべきです。できれば，企業にとっても，法律上も，支援するすべての人にとっても，ウィンウィンを狙う。そんな理論立てをしておきたいものです。例えば，会社はそのエンジニアを辞めさせたくない，しかし，法律上も倫理上もその個人の利益としても，辞めさせた方がいい。そういうときは，「その人が外部で企業攻撃をするような事態は避ける」「辞めたいときは辞められる環境であることをアナウンスして，ほかの人の安心を大きくし，次の募集も容易にする」という目標を案出し，それを共有するのです。

無意識でやると高すぎるハードルになりやすい

一般的には，きちんと意識した目標がないと，どうしても「示されたからやるだけ」という低レベルな活動になってしまいがちです。しかし実は，メンタルヘルス実務者が目標を明確にできていない場合は，逆に「高すぎる目標」になる弊害が多いようです。例えば，メンタルヘルス実務者が，「一人もメンタル不調者を出さない」「自殺者ゼロ」「全員に満足してもらえるサービス」「ナイチンゲール精神で尽くす」「メンタル不調者の気持ちを完全に理解する」「医療の知識を完全にする」などの目標を無意識のうちにイメージしていることがあるのです。

これらは理想ではあっても，現実には難しいものです。しかし，自分でも気がつかないうちにこれらの目標に縛られていると，目標が達成できないとき，自己評価が低くなり，自信と気力を失い，周囲への不満も大きくなることがあるのです。

成果の目標と行動の目標

実は目標と言ってもいろいろな性質の目標があります。まずは「成果の目標」と「行動の目標」です。例えば，メンタルヘルスを充実して「社員のモチベーションを上げる」というのが成果の目標です。一方，「1年間に啓発教育を10回行う」というのが行動の目標です。

第2章で紹介した厚生労働省の指針に書かれている内容は，例えば健康管理委員会を開きましょうとかストレスチェックを行いましょう，などのように，基本的には行動の目標なのです。成果の目標は，そのために何をすればいいかとか，その目標が達成できたかどうかが非常に曖昧なのに対し，行動の目標は，内容も明確で，達成したかどうかも評価しやすいのです。多くのメンタルヘルス業務がこの「行動の目標」によって行われることが多いため，実務者は業務に追われているのに，企業や構成員になかなかうまくいっている実感を持ってもらえないという状態になるのです。

そこで，メンタルヘルス実務者として，大きな計画を作るときも，実業務の達成目標を明確にイメージするときも，できれば「行動の目標」の前に，まずは「成果の目標」を考えてみてください。

コラム

いろいろな目標

目標は，それが重要だと感じ，かつやることが明確で，やれそうだ，と感じられるときに，人を動かします。

成果の目標を，より具体的なものにするために，次のような下位目標を考察することが有効です。

[上位目標と下位目標]

あることをやる（上位目標）ために，これをやる（下位目標）という関係です。

社員のモチベーションを上げるが上位目標なら，給料を上げる，やりがいのある仕事を提示する，相談体制を整えるが下位目標です。

これを考えると，成果目標を次第に行動目標に落としていけます。

[時間やプロセスごとの目標]

啓発するためにまずは管理者から教育し，次に一般従業員に啓発するや，まず 1 月に予算を取ってから，4 月までに場所を確保し，8 月から相談業務を開始するなどのようなものです。

これによってさらに具体的な行動がイメージできます。

[状況による目標]

リーダーを説得するが，もしリーダーが認めてくれれば，産業医の支援体制を充実する。認めてくれなければ，相談体制でカバーする。

状況に応じた対応をあらかじめ考えておくと，動揺なく業務を進めていけます。

まず成果の目標を考える

成果の目標を考えるときは，人類平和とか社会貢献などと，大ぶろしきを広げてそこからブレイクダウンしてもいいし，現実的に今ある組織や機能を活かすことを考えて，時間やプロセス，状況に応じた目標を立ててもいいのです。例えば，筆者の下園は，20年前に陸上自衛隊のメンタルヘルス業務を立案する際，「言い出せる雰囲気，言い出せるきっかけづくり，言い出せる知識の啓発」という大きな成果の目標を分析しました。それまでいろいろ活動し，そのときの陸上自衛隊では，この３つを押さえれば，うつ・自殺やPTSDの予防も，セクハラ・パワハラ予防もできると分析したからです。これをもとに，さらに細部の目標を分析し，計画に落とし，予算立てを進め，実行していきました。

成果の目標を考察する際は，「適正な目標レベル」でないと単なるお題目になるので，２つのことが重要になります。重点の分析と，達成可能な目標設定です。これは横の絞りと縦の絞りの関係です。

１つ目は重点の分析（横の絞り）

メンタルヘルスは，本業ではありません。本業をサポートする機能です。そうなると，そこに割ける人材・資源・資金は，通常かなり限定されたものになります。その中で，できるだけ実効性を上げるには，行うべき業務に重点を設ける必要があります。

まず，現状，つまり企業の仕事の特性，メンタルヘルス上の弱点，強みを考えます。

先の陸上自衛隊の例でいうと（考察のほんの一部ですが），

〈任務〉災害派遣，海外派遣がクローズアップ

〈弱点〉弱いものを嫌う，助けを求めにくい，弱音を吐きにくいマッチョ文化
階級差の意識大（上，下に相談しにくい）
〈長所〉服務指導組織と呼ばれる親密なサポート体制
医療も充実
トップの言うことは聞く，すぐに動ける行動力
教育には時間をかけられる

などから，

- 災害派遣等の現場でも，活躍できるよう自衛官のメンタルケア担当（心理幹部）の育成（一般人は戦場等で活動できないから）
- 心理幹部を中心に，連隊長などのトップに啓発活動を実施
- ビデオ教材を作成し「相談すること」の意義を解説
- 隊員を教育して職場のカウンセラーとしていたが，年配者がほとんどだった。それを，すべての階級，年齢層に拡大

などの施策を重点にすることを分析しました。

この例でおわかりのように，メンタルヘルス業務を進める際は，その企業の特性に応じたものにアレンジしなければなりません。業界ごとに現状（価値観・雰囲気）が違うし，メンタルヘルスに何を，どこまでを望むかも違います。また，どこを強調して活動を進めれば，うまくいくかも違うでしょう。このとき，厚生労働省の区分けや機能の進め方にとらわれすぎないことが必要です。厚生労働省が勧めているからといって，それが正しいと思いすぎてはいけません。例えば，厚生労働省は４つのケアを提案していますが，p.87に紹介したように，第２段階職場だと４つのケアは成り立ちません。また，ストレスチェックが施策の主体のように感じますが，ストレスチェックをしても，その企業の風土などにより，必ずしもメンタル不調の早期発見，対処につながらない場合もあるのです。

啓発教育の重要性も謳われていますが，いつ，だれが，どのように教育するかによって，効果は全く違います。

全体の流れ，時間の流れなどを考え，重点を考察

さらに，細部の業務を考察するときは，全体の流れが想像できていなけれ

ばなりません。メンタルヘルス業務の大部分は，リスク管理の側面があります。リスクをどこの段階で止めるか，という発想をしてみるとよいでしょう。例えば，p.42で紹介してきた疲労の3段階の概念を使った場合，今ある会社のメンタルヘルスの問題が，疲労の第1段階の人の問題か，第2・3段階の人の問題かによって，アプローチが違ってきます。第1段階の人には，モチベーションアップ，メンタルヘルスに関する知識，スキルアップが必要です。厚生労働省のいう個人ケアで，自分でできるストレス対処法のセミナーなどが効果的です。ところが，もし第2・3段階の人にアプローチしようとする場合は，これらの施策は「一人で何とかしましょう」というメッセージになり，逆効果になります。第2・3段階の人は，一人で頑張り続けては，悪化するだけです。どうレスキューするかを考えなければなりません。

また，医療モデルのように，第3段階だけを拾おうとして，うまくいかないこともあります。第3段階を拾い続けても，第2段階が多くなれば，いずれ不調者はじりじりと増えてきます。どのターゲットを重視して施策を考えるかが，かなり重要なテーマになってきます。

さらに，施策の継続性の観点から，時期的な広がりやプロセスを考える必要もあります。例えば，相談業務を進める，と言っても，

- 場所の確保
- 周知
- 担当できるカウンセラーの確保，育成

ができなければ，形だけの施策になってしまいます。

一番時間のかかりそうなものから始めていくのがいいでしょう。

先の下園のケースでは，たくさんある施策の中でも，特に重視したのが，心理幹部の育成です。育成には時間がかかるので早く着手したいし，現場にメンタルヘルス推進のコアとなる人材がいることで，長期的かつ継続的なメンタルヘルス施策の推進が期待できるからです。

これらの分析が十分でないと，トップや他の部署から，「現行の不十分な部分」を指摘され，うまく応答できずどんどん突っ込まれると，結局その部分へ応急対処せざるを得なくなります。すると次第に施策全体に軸がなくなって，浅い業務になってしまうのです。

また，目標がはっきりしていないと，仕事が明確でなく，他部署の寄り合

いであるメンタルヘルス組織では，結果が伴わないとき，責任のなすりつけ合いにも陥りがちです。

2つ目は現実的な達成目標を（縦の絞り）

目標設定のときに，重点を分析することのほかに，注意するべきは，「目標は達成可能なものにする」ということです。行動の目標はまだ，やるべきタスクが明確で，必死でつぶしていこうと思えますが，成果の目標は，それがあまりにも壮大過ぎると，一気にやる気がうせてしまい，単なるお題目と化してしまいます。そこで，成果の目標ほど，現実的にどのレベルの成果を狙うのか，をできるだけ明確にしておく必要があるのです。

目標は評価につながります。高すぎる目標は，どれだけ成果が上がるはずの良い施策であっても，次第に「なかなか目標達成できない施策」と認識され，実務者も，実施者もやる気を失い，施策の継続性もなくなります。人事は，遅効性，継続性が重要です。効果を上げる施策にするためにも，「高すぎる達成目標」は避けなければなりません。

例えば，自殺予防の目標を考えるとしましょう。いきなり自殺ゼロを目指すのは，意気込みとしてはよいのですが，自殺は感情の第3段階にあるとき，苦しさを止めることができる個人が持つ最終手段なのです。苦しくてどうしようもないとき，人は自殺してしまう，これは人の根底の欲求・能力ともいえる部分なので，変えられるものではありません。

そういう中で，自殺防止のために「できそうなこと」を目指します。そのとき70点目標をイメージするといいでしょう。例えば，大きな企業で，自殺が年間1件あるとしたら，自殺の数で目標を立てると，ゼロにしてしまいそうですが，これは過大な目標になります。一人でも自殺者が出たら，実務者は落ち込みます。企業の中でも，「メンタルヘルス施策をやっても意味がない」などの極論も出ます。

そこで，疲労の第2段階から第3段階に至る人をできるだけ少なくすることで，自殺を予防することを目指し，昨年休職した人が10人なら「メンタル不調の休職者5人以内」という目標を立てるのです。このとき，前項で説明した「どこで止めるか」という全体性の分析が重要になります。例えば第3段階の発見，対処を強化して自殺を予防しようとするときは，休職者が多くなる方がよいのです。10人なら，15人を目標にします。

このように，目標を具体的にする際，これまでの分析をきちんとやっておかないと，逆に数字に踊らされることになります。ちなみに，先の下園の「心理幹部を育成する」という目標については，さらにどんなレベルの人を何人，いつまでに育成するかなどの要素があります。この要素で「達成可能な目標」を選定しました。当時の目標は，「1年間に，一人で師団（5,000名程度）のサポートができる心理幹部を5名育成するため，10名教育する」というものです。実際，初年度で5名を配置できたので，まさに達成可能な目標だったと思います。

目標設定，その提示については，それが与えるメッセージがとても大きな影響を持ちます。そこでメッセージの観点からも考察しなければなりません。その視点については，後述します。

メンタルヘルスの目標は少し独特の発想が必要

現状維持，悪化防止も立派な目標

メンタルヘルス業務を，目標を明確にして行おうとするとき，知っておくべき視点がいくつかあります。

1つは，必ずしも改善する目標だけが意義があるというわけではないということです。例えば，先の休職者を目標にする場合でも，「昨年10人のところ，今年は5人にしよう」とするのは，改善のイメージが湧きます。しかし，先に説明したように施策の狙いによっては15人のほうが良い方向に動いていることを示すかもしれません。それだけではありません。もし，少なくなる方が良い動きの場合でも，「昨年10人，今年も10人」でもメンタルヘルス業務は大健闘，という場面もあります。経済が悪化し，募集難で，どうしても会社全体が苦しいときは，もし無策なら休職者は20人になったかもしれません。メンタルヘルスは，支える業務です。悪化防止できていれば，最低限の仕事はしているのです。ビジネスの成果目標とは違い，必ずしも数字が成長傾向になくても，きちんと評価する視点を持ってください。

この現状維持という目標は，メンタルヘルス施策だけでなく，個々のケースでもよくみられます。例えば，どうしてもパワハラをしてしまう性質が強い方，発達障害的で人間関係にトラブルが生じやすい方，過去につらいことがあって，その記憶によって過剰反応してしまいやすい方などは，薬を飲んでも精神療法を行っても，簡単に変われません。そういう方は，慢性的な感情の第２段階になっていることが多いので，悩みやトラブルも多発するのです。そのような方にメンタルサポートをしても，なかなか悩みやトラブルが減らないことで，実務者は無力を感じるかもしれません。それは「治る」ことを成果目標にしてしまっているからです。たしかに少しのことで悩み，トラブルが生じることはあるでしょうが，それでも，何とか仕事を続けられているのであれば，メンタルヘルス支援としては，とても大きなサポートをしていると評価できるのです。「苦しくても仕事を続けられる支援をする」という現状維持の目標をきちんと意識することが，支援継続のコツになります。

リスク対応を重視した目標も

メンタルヘルスは，メンバーの幸福や意欲の向上などの前向きな機能はあるものの，現実的には，リスク対策が大きな部分をしめます。つまり，成果の目標として，リスクをどれぐらい抑えられるかを考察することが必要になります。特に，メンタルヘルスにかかわる人材，資源，予算に限りがある場合，どのリスクをどれぐらい予防するかをよく考察しなければなりません。メンタルヘルスへの対応が，たんなる法律などのコンプライアンスを越えたものを要求される時代です。派生していく具体的なリスクを想定しておかなければなりません。

リスク対策の考え方は筆者の一人である下園は元自衛官なので大変馴染みがある思考なのですが，一般的なメンタルヘルス実務者はあまりこの思考が得意ではないかもしれませんが，一般的には次のようなリスクをイメージしておくべきです。

- 第２・３段階の人に対しての指導・リーダーシップがパワハラになる可能性，自殺につながる可能性
- 多くの人が無意識に持つ差別が特定の人を傷つける恐れ（例えばセクハラ，LGBTQ＋）
- そのようなトラブルがSNSを通じて広がり，炎上し，社会から批判を受ける恐れ
- 労働基準監督署等から指導を受ける可能性

- ある人の対応がうまくできず，その人の存在が周囲のやる気を失わせる場合
- 本人，家族，遺族からの訴訟等に発展する可能性
- メンタル不調者が，企業の対応に不満を持ち，部内外で扇動する可能性

これらの分析をし，今ある限られた資源の中で，現実的なメンタルヘルスの目標を立てるとき，例えば，「いろいろな施策の中でも特に，訴訟やSNSの炎上には発展しないように対応する」という成果の目標もあり得るのです。

■個人のケアにおいてもリスク予防を重視した目標を作る

リスク予防の目標は，現状維持の目標と並んで，大変後ろ向きのように感じるかもしれませんが，全般的な施策の目標だけでなく個人をケアする場合も「最低限ここだけは避ける」というリスク管理目標を明確にして支援することがあります。

数十年前に下園が担当したケースです。51歳男性で，非常に厳しい慢性的な身体疾患を患っており，かつ世話をしてくれる身内もいないような方が，アルコール依存になっていたと思ってください。もちろんすべての病気を治療していますがうつ状態になることも多い方です。アルコールの治療や指導に周囲は疲弊していました。医療での立場ならこのような方をぜひ健康な状態に回復させたいと努力するでしょう。もし家族がいるなら，家族も全快し健康になることを願うでしょう。ところが企業のメンタルヘルス機能は，その方が勤めている期間のメンタルヘルスを支える機能です。人としては治ることまでイメージした支援をしたいかもしれませんが，そのイメージを持っていると，その方の支援にかかりきりになって，他の業務が実行できなくなります。できそうもないことではなく，私たちができることをきちんと意識した目標をイメージしておかなければなりません。

この方には希死念慮があります。アルコール依存の方の平均寿命は54歳というデータもあります。持病の身体疾患や肝臓などの病気で亡くなるケースも見据えておかなければならないのです。このケースでは，冷たいように聞こえるかもしれませんが，次のようなリスク管理の目標を立てました。「組織にいるあと数年（自衛隊の定年退職が54歳のとき）は，アルコールのトラブルは仕方がない。うつが悪化して自殺をすることだけは，できるだけ予

防したい。万が一，亡くなっても身体症状による死亡なら良しとする」という目標です。

なぜかというと，周辺の方はその方をすでに大変熱心にサポートしていたのです。もうこれ以上かかわりを濃くすることは現実的ではありませんでした。アルコールの指導でギスギスするのを避け，見守りのほうに重点を置いてもらったのです。そして，亡くなっても，身体疾患で亡くなったのなら，周囲の方の納得がいきますが，もし自殺で亡くなった場合は，周囲の方々はその後ご自分を責め，つらい思いが長引くでしょう。ですから，自殺のリスクがあるときだけは，対応してもらうようにしました。

このようにトータルで現実的に考えて，私たちができることを，できるだけ行う，そんなしぶとい業務をしていく必要があるのです。ちなみにその方は，無事54歳で自衛隊を卒業しました。

■「祟り神」化の予防

現実的なリスク管理目標の設定をしたケースをもう一例ご紹介しましょう。

43歳のリーダーの方です。大変正義感が強く，部下を熱心に指導する方です。部下の中に発達障害の隊員がおり，初めのうちはかなり丁寧に指導していました。しかし，なかなか部下の反応も変わらず，次第に厳しい口調で指導する場面が増えてきたころ，その発達障害の部下がうつ状態になると同時にそのリーダーをパワハラで訴えたのです。組織が双方，周囲に聞き取りをしたところ，口調こそ厳しかったものの深刻なものではないと判断され，結果としては軽微な行政処分が出されることになりました。ただ組織としてはそのリーダーが大変優秀であったため今後もこのようなことでつまずくことがないようにカウンセラーをつけて，セルフコントロール力を向上させようとしたのです。

この流れの中で，メンタルヘルス業務の経験のない多くの人は「そのリーダーがきちんとアンガーマネジメントができるようになること」を目標とするでしょう。

ところが実際，それは非常に難しいことなのです。まずパワハラをしたと言われる人たちは，ほとんどすべて「自分は正しいことをした」と信じています。自分が指導しなければ企業のためにならなかったと思っているのです。

なのに企業からそれを褒められるわけではなく，逆に処罰を与えられたとなると，その方はどう感じるでしょうか。さらに追い打ちをかけるようにカウンセラーがついて「君のここを直せ」と思考の矯正などを求められたとなると，表面上は大人としてそれを受けたとしても，決して心穏やかではないはずです。

このようなパワハラをして処罰を受けた人へのメンタルケアの現実的な目標は，「その人が企業に憎しみを持たないようにすること」なのです。もともと有能な人であればあるほど企業から理不尽な扱いを受けたときには，企業を攻撃したくなります。正義感からその思いが強くなってしまうのです。そうなると，優秀なその人が「祟り神」化して，周囲を巻き込んで企業にとって大きなブレーキになる可能性さえあるのです。そのリスクへ対処することが重要です。

2023 年，日本大学の大麻事件が問題になっていたとき，当初対応していた副理事長が理事会から解任されましたが，すぐに反撃として理事長をパワハラで訴えたケースなどもこの例です。

企業としては優秀なリーダーに「ぜひもっとやる気を持ってもらいたい」と思ってメンタルケアをするかもしれませんが，現実的には，企業に対する怒りなどをできるだけ薄くできれば，それで十分に企業に貢献することになるのです。

弱っている方《かた》シフトという目標方針

ある施策は，あるグループには効果的でも，ほかのグループにはあまり効果がない，あるいは逆効果，という場合があります。この場合，普通はグループが大きい方に，施策を合わせるのですが，メンタルヘルスの場合は，逆になることが少なくありません。それはメンタルヘルスでは，グループの大きさより，どちらのグループが「弱っているか」でターゲットを決めるからです。

メンタルヘルスでは落ちている人をさらに落とすことを，リスク管理として一番避けたいことだと考えるべきです。元気な人達にあまり受けが良くなくても，弱っている方を傷つけないことを重視した方が，例えば自殺予防の対策になるからです。これを「弱っている方《かた》シフト」と呼んでいます。教育などでも，事案対処でも，とにかく「弱っている方シフト」を意識します。

例えば,「自殺予防のために，命の尊さを感じる小説を読んで，感想を紹介しあおう」などという施策を思いついたとしましょう。一見,良い施策です。ただ，それは疲労や感情の第１段階にいる人にとって良い施策なのです。しかし実は第２・３段階にいる人にとっては,「確かに命は尊い，死にたい気持ちを持つことはよくないこと,しかし自分は死にたいと思ってしまっている。命の大切さの感想を言わなければ,でもみんなの前でうそをつくことになる。本当のことを言えば責められる」と八方ふさがりになるような施策なのです。

下園が所属していたときの自衛隊でも，サラ金を苦に自殺する人が多かったので,「個人の金銭計画を立てよう」という施策が組まれましたが，すでにうつで,借金をしている人が逆に追い詰められたという経験がありました。疲労の３段階の３つの層（グループ）で考えるなら，施策をして，その効果を測定するとき，ただ集計するのではなく，ぜひグループごとに集計してほしいのです。

通常，企業には疲労の第２・３段階の人が３割から５割はいます。第１段階の人には，マイナスでも，その第２・３段階の人々にプラスの効果があるような施策を打つべきなのです。決してマジョリティに「良かったよ」と言ってもらうだけで満足してはいけません。

■メンタルヘルスがかかわるさまざまなリスク

これまでメンタルヘルス関連のリスクと言えば，自殺や他者への攻撃などしか考えられていませんでした。しかし，メンタルヘルスや人事業務に深くかかわってきた私たちにとっては，メンタルヘルスは企業のリスク管理に欠かせない要素だと認識しています。

まず，過重労働がうつ，自殺，労働力の低下につながることは認識されていますが，実はメンタル不調者への対応で，トップや上司，人事が振り回され，疲弊することについてはあまり認識されていません。メンタル不調になると，誰でも「(一時的に）性格が悪く」なるものです。対応する人々が疲弊し，その方々がメンタル不調になるケースは少なくありません。また，従業員が法律を犯したり，お金を使い込みする事件などは，メンタルヘルスと関連するとは思われていなかったと思いますが，現実には，そのような不祥事を犯すとき人は大概，疲労や感情の第２・３段階にあるものです。また，ミスや事故なども，その人の注意力，スキル，労働管理の問題として考えられてきましたが，トラブルを起こした方によく聞くと，これまたメンタル不調の状態にあることが多いのです。ですから，企業活動全般におけるリスク管理の観点からも，メンタルヘルスはとても大きな要素なのです。

さらに，昨今は，個人が発信力を持つ時代です。会社の対応が，メンタル不調者の不満を大きくし，それが社会へ発信されてしまうことも少なくありません。すると実態とは違う情報が，どんどん誇張，拡散され，企業の存続さえ脅かしかねません。それがさらに顕在化するのが，訴訟です。訴訟を経験された方はおわかりと思いますが，パワハラ，セクハラなどの場合，被告側と加害者（といわれている従業員）との人間関係だけでなく，会社の管理監督責任も問われることがほとんどです。つまり，ハラスメントが発生したのはその当事者間の問題だけでなく，そうしたトラブルが起きる環境をつくった企業，未然に防ぐことができなかった企業に問題がある，という文脈で訴訟が展開されることが多いのです。これまでにもパワハラや過労で従業員が亡くなって裁判になったとき，必ず「○○事件」と社名入りで大きくマスコミで報道されていることからもわかると思います。そして，最悪の展開で経営層が記者会見場で整列して謝罪している光景も何度も見ています。

このようなさまざまなリスクをメンタルヘルス実務者は，イメージしておかなければならないのです。

第５章のポイント

- メンタルヘルス業務はその目的・目標によって大きく変わる
- 意識されない目的・目標は，ただ高すぎる目標になりがち
  （例）新たなメンタル不調者ゼロ，休職者数を半減
- 成果目標と行動目標に分けて考えてみる
- 達成可能な目標設定にする→ときに現状維持，悪化の防止も立派な目標になる
- リスク回避の目標を設定することもある（コンプライアンス上のリスク，自殺のリスク，祟り神化のリスク）
- 個別案件の対応時にもリスクを想定した目標設定をする場合もある
- メンタルヘルス活動では，対象を「弱っている方」にする場合もある

第6章

1年間の大まかな活動計画を作ってみよう

それではここから具体的に，年間計画を作るというプロセスの中で，具体化の手順を説明していきます。ある業務，例えばストレスチェックを有効に活用する，相談業務を充実させる，などを考えるときも，同じような手順を取ります。

これまでは目標ということを特出して説明してきましたが，実は目標分析の作業とこれから説明する作業は，並行的にあるいはスパイラル的に進めていくものです。作業の中で新しい情報や視点が入ったら，また根底から考え直さなければならないことがあるからです。本書で提示している内容も，厚生労働省の指針と同じように，一つの考え方でしかないということをご理解いただき，ぜひご自分の環境に合うように柔軟に応用していただきたいと思います。

現状の把握

まず現状を把握します。現状把握は，その後も継続的に実施します。

目標は，どこに進むかというゴールですが，そこに行くために何をするかを考えるには，今どこにいるかという「現在地」を見つめ直さなければなりません。

年間のメンタルヘルス計画を立てるには，次のような内容をきちんと把握する必要があります。すでに把握済のものもあるかもしれませんが，結構，いろいろなことが短期間で変化してしまうものです。このように施策を考察する際は，いつでも，何度でも見直してみる必要があります。

- 就業規則，衛生委員会，心の健康づくり計画など，メンタルヘルスにかかわる現行の資料，組織，会合
- 啓発教育の回数，対象，内容，わかれば効果
- 相談窓口の場所，時間，相談手段，相談員，経費，相談対象，わかれば効果
- ストレスチェック等の内容
- 従業員がさらされているストレスの内容，時期的な変化
- メンタル不調者の発生状況，わかればそれぞれの具体的対処（支援）の内容
- 休職者，退職者の数，推移，わかれば支援の状況
- ストレス解消に活かせる施設，資源，環境
- メンタルヘルス分野で活動できる人材，予算，頼れる部外資源
- トップの意向，企業の価値観
- 業界の動向，経済の動向
- 地域の雰囲気，活用できる医療資源の存在等

数値的なもので把握するだけでなく，できれば直接訪問したり，現場の人々にインタビューするなどして，できるだけアップデートされた，正確な情報を収集しておきたいものです。

「ストレス見積もり」をしてみる

ある程度の現状把握ができたら，ストレス見積もりをしてみましょう。

これまで何度かお話ししているようにメンタルヘルス施策というのはリスク対策の性格があります。例えば海外に3カ月出張するとなったら，その間に予想されるさまざまな出来事やイベントを想像して，対処できるような準備をするでしょう。メンタルヘルス業務を進めるときも同じことをします。

ここでは年間のストレス見積もりを考えてみましょう。

所属する企業において，年間にどのような業務の流れ，イベントがあり従業員は，いつどのようなストレスをどのような強度で感じるかを，横軸に時期・継続時間，縦軸に項目区分とストレス強度で表していくのです。縦軸の項目は使いやすいように分けます。長時間残業や，移動のストレスなどのように，ストレスの種類に分けて表記してもいいでしょう。あるいは部署ごと

にまとめてもかまいません。例えば総務は株式総会，経理は年度末などに業務のピークがあるでしょう。この表ができると，どのグループのどのストレスに対し，いつ何をするのかということがわかりやすくなります。

また，時期のストレスだけでなく，グループに特性がある場合は，そのグループごとのストレスを考察してみることもできます。例えば，新人，中堅，リーダーの区分，年齢による区分，性別による区分，地域による区分，通勤とリモートによる区分なども有効でしょう。これは，あくまでも次の作業をするために，自分の資料として，あるいは説明の資料としてまとめるものです。ですから，体裁などにこだわる必要はありません。落書きでもいいのです。他の作業にも共通することですが，作業すること自体を目的にしてしまうと，その作業，例えば見積もり表にこだわりすぎ，それができた時点で満足して，ただ飾るだけになってしまいがちです。

コラム

リスク分析の基本思考

リスク分析の基本的な思考法ですが，慣れていない人がリスクを考察すると，不安な感情から，起こりうるすべての危険性に目を向けてしまいがちです。しかし，企業体として分析するときは，あくまで「対処」に結び付けられるものに集中するべきです。

その際，発生の可能性と被害度，対処の可能性，かかるコストの視点から分析するといいでしょう。例えば，過重労働によるうつの可能性は小，被害度は中，対処の可能性は大，コスト中なら，ある程度の対処をしておくのがよい，という判断になるでしょう。一方，地震がほとんどない地域で，震災で社員に大きなストレスが生じるというリスクを考察する場合，可能性は極小レベル，被害度も中レベル，対処の可能性は大，コスト大なら，具体的に対策を打つ必要は少ないという判断になります。職場で自殺が起こると，連鎖自殺が生じるかもしれないと教わる場合があるかもしれませんが，可能性は極小，被害度中，対処の可能性中，コスト中なのです。連鎖自殺対処にそれほど神経質になることはないのです。

〈自社の部署別ストレス見積りヒートマップ〉

			4月	5月	6月	7月	8月
社内ストレス	営業部	新店オープン集中期間（2カ月）					
		年末商戦					
	商品部	商品見本市（海外出張1週間）					
		新製品開発準備					
		次年度商品開発計画作成					
	人事部	新卒採用（面接集中期間）					
		中間採用（面接集中期間）					
		新入社員研修					
	総務部	株主総会業務					
		従業員引越し業務					
	経理部	決算業務（年2回）					
		会計監査					
私的ストレス	全般	人事異動等に伴うストレス	新人				定期異動
		気象等によるストレス		花粉症			熱中症
		子息関連ストレス	入学			夏休み	

私的ストレス	個別	単身赴任者	距離，連絡，帰る距離，回数，家族のイベント
		独身者	生活能力，衣食住，悩みなどの相談，実家との連絡
		子供が生まれた人	子供の成長に合わせた負荷，特に睡眠状況，援助の有無
		退職前，再雇用	今後の予定，住居，金銭的な計画
		異動前後の人	申し送り，申し受け，新しい住居の整備，新しい職場，仕事，人慣れ
		新しい職場，仕事，人慣れ，社内ルールなどの理解	新しい職場，仕事，人慣れ，社内ルールなどの理解
		中途採用の人	前職でのストレス・疲労度，転居等のストレス，＋異動前後の人と同じ
		身体病のある人	症状（仕事，日常生活の困難さ），手術等の予定，通勤頻度，経済状況，支援の有無
		精神疾患のある人	仕事上で特に苦手なもの，人，経済状況，支援の有無
		介護すべき人がいる人	介護対象の状況，どれぐらいの負担を担当しているか，支援の有無
		配慮すべき特質のある人	感受性，宗教，性の多様性
		通勤時間の長い人	時間，疲労度，経済状況
		惨事があった人	惨事の内容，時期，回復度，関連イベント，支援者の有無
		海外出張等	頻度，期間，場所，慣れ，メンバー，帰国後の多忙
		第2・第3段階の人	症状，ストレス源，対応の癖，サポートの有無，受診の有無
		復職過程の人	現在の状況，受診の状況，復職の大まかなプロセスの進み方の予定。復職日予定

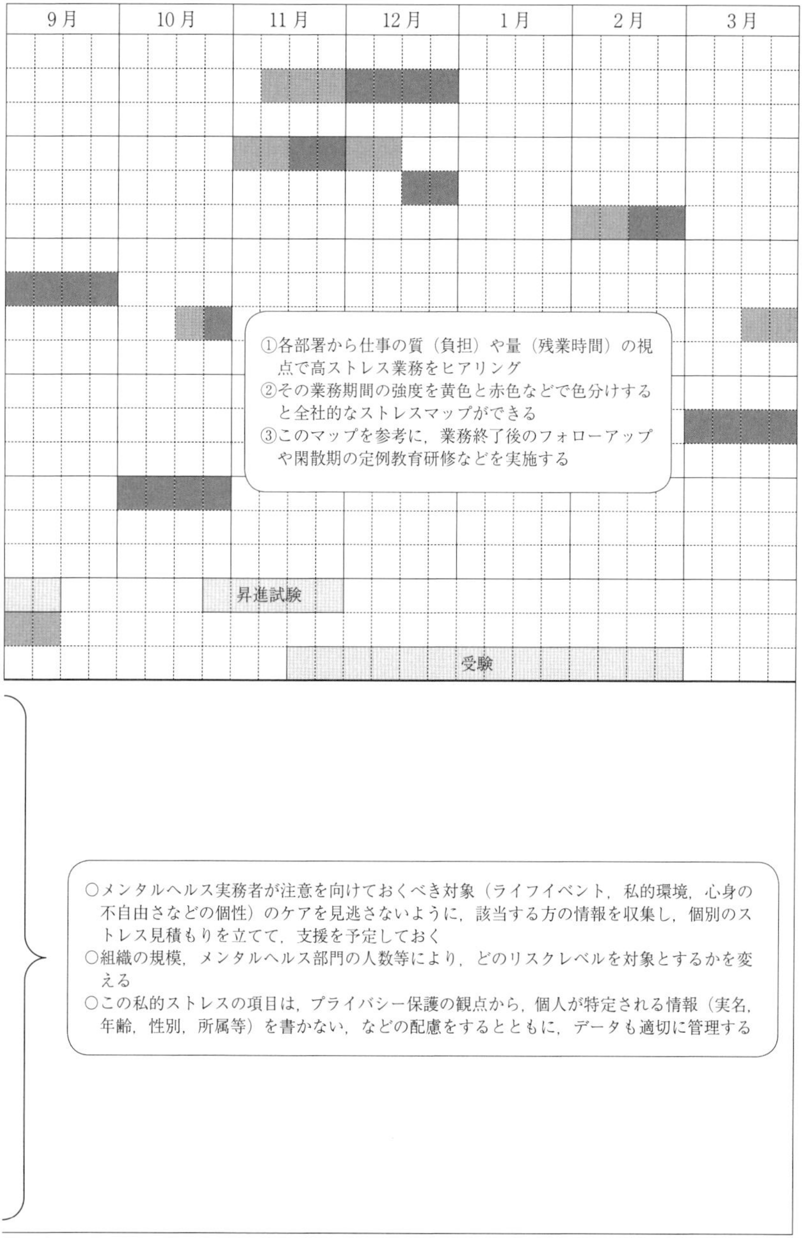
9月
10月
11月
12月
1月
2月
3月
①各部署から仕事の質（負担）や量（残業時間）の視点で高ストレス業務をヒアリング
②その業務期間の強度を黄色と赤色などで色分けすると全社的なストレスマップができる
③このマップを参考に，業務終了後のフォローアップや閑散期の定例教育研修などを実施する
昇進試験
受験
○メンタルヘルス実務者が注意を向けておくべき対象（ライフイベント，私的環境，心身の不自由さなどの個性）のケアを見逃さないように，該当する方の情報を収集し，個別のストレス見積もりを立てて，支援を予定しておく
○組織の規模，メンタルヘルス部門の人数等により，どのリスクレベルを対象とするかを変える
○この私的ストレスの項目は，プライバシー保護の観点から，個人が特定される情報（実名，年齢，性別，所属等）を書かない，などの配慮をするとともに，データも適切に管理する

どこを重視するかなど目標が細分化されてくる

現状を把握し，ストレス見積もりをしてみることで，自分の企業で何をするべきか，が考えやすくなります。

実は，この作業は何をしないかを選択する作業でもあります。メンタルヘルスの目標をきちんと分析しないままだと，どうしてもこれも必要，あれも必要……と，やることだらけになってしまいます。重点がわからなくなるし，従業員の負担も増え，実務者も日々の仕事に追われるようになります。メンタルヘルスにかかわれる人材と時間は限られています。しかもメンタルヘルスはあくまでも企業の本流ではなく，サポート業務。かなり重点を絞って施策を組まないと，効果が出ません。

ストレス見積もりをメンタルヘルスのスタッフと共有し，ぜひ，何を重点にするかを議論してください。それによって，自然と目標と方針が確立されてきます。

例えば，現状把握で，

- 今の啓発教育は全員に，「自分でできるストレス対処法」，リーダークラスには「うつの従業員の発見，対処法」
- 相談窓口は，週に２回，２時間，部外からカウンセラーが来訪
- ストレスチェックでの産業医面談数はかなり増えている
- 業務量は増えており，休職者も増加傾向
- パワハラ未遂事案が顕在化
- リーダーに聞くと，従業員の相談にかなり時間がとられるのがストレスとのこと
- 新人の戦力化のため，中堅が疲弊（優秀な中堅従業員が数名離職）

等がわかったら，これまでは，社員自身がストレスをコントロールすることを期待していた，つまり疲労の第１段階にとどめ，第２段階を予防するポリシーだったが，現状は第２段階が増加しており，特に重要な戦力である中堅リーダーの流出が大きなダメージであると分析します。

そこで，メンタルヘルス部署が対応できるなら，第２段階を前提に，第３段階を予防する方向での施策への転換を考えます。具体的には，個人のストレス対処の教育をやめ，うつ状態の兆候教育を実施。うつを自覚，発見した

場合はラインで対応するのではなく，メンタルヘルス部門へ迅速に対応を移管するポリシーを教育。また，第２段階の相談に対応できるように，カウンセラーを増強する，などです。

もし，人材等の制約でメンタルヘルス部門が対応できないなら，さらに重点を絞り，優秀な中堅リーダーの流出を避けることを目的とし，教育は新人とその上司への「疲労の３段階」「不調を認識した場合のメンタルヘルス実務者との連携要領の教育」だけにします。もちろん義務的要素であるストレスチェックや相談窓口は現状維持です。

計画作業を進める際，業務の効果効率を分析しすぎない

このように，目標とストレス見積もりと現状をにらみながら，どのような施策を，いつ，何のために実施するのかを考えていきます。その際には，その施策実現のためにかかる準備の時間を忘れないようにしましょう。例えば，カウンセラーを増強すると決めても，どのような形で募集，雇用するのか，適切な人材をどう見つけていくのかなどの問題があり，それを解決するためにもかなりの時間がかかるものです。

これらの施策具体化の際に，これまで効率化の概念を鍛えられてきた人や，医学の分野での研究思考が強い人は，施策の効果について気になるかもしれません。しかしこの時点であまり深く施策の内容や効果について考察しなくてもいいのです。例えばストレスチェックなどのアセスメントを実施する際，「会社に自分の弱いところを知られる恐れを感じる人は本音を書かないだろう」と予測する人もいます。現実はやってみないとわからないのです。ある会社では誰も本音を書かないのに，上手な雰囲気づくりが醸成できた会社では，ズバズバと本音情報がアンケートによって明らかになることもあります。

また，アンケートには書かない人もいれば，書く人もいます。書かない人がいるからそのアンケートをやらないというのではなく，書く人の情報を少しでも拾えればよいと考えるべきです。一方，書かない人に対してもどう手を伸ばすかを，次の施策で考えていく必要があります。例えば，自発的なアンケートではなくライフイベントがあった方は全員カウンセラーが面接をする等の施策です。

このように一つの施策に100%を求める思考を持ち込んではいけません。どの薬がいいかという研究をしているわけではないのです。施策にはこれをやるだけですべてがカバーできるというものはないので，いろいろな施策を重ねて穴を塞いでいくというイメージを持つとよいと思います。もちろん少ないメンタルヘルス資源をつかうのですから，費用対効果の視点も忘れてはいけません。そして実施してみて効果をチェックし，さらに良い方向に修正していく，いわゆるOODAループ（試行錯誤）を進めて，良い施策に育てていくのです。

考察作業の進め方

これまでの作業はメンタルヘルス部門の仲間と相談しながら進めると，思考が広がるし意欲もわくものです。ただ，この作業はやり始めると案外難しいことに気がつきます。具体的な仕事内容が想像できなければイメージを持ちにくいからです。もし，まだメンタルヘルス業務が全くイメージできない人は，まずは一度本書を流し読みしてみてください。そのあとこの目標・計画作業に戻るのです。

これまで紹介した内容は，ただ，指針に示された内容を形だけ作るのならともかく，意味のあるメンタルヘルス業務を進めたいのなら，どうしても決めておきたい，あるいは共通認識を持っておきたい項目です。本来，目標は上が決めてくれるものですが，誰も決めてくれないなら，少なくとも自分の中だけは，決めておく（考えを整理しておく）必要があります。

さまざまな業務で悩んだとき，きちんと自分のスタンスを意識できていれば，不必要に悩むことが少なくなります。また，メンタルヘルス実務者同士の交流があれば，他企業のルールなどを参考にするのもよいでしょう。

メンタルヘルス施策を具体的に作り込んでいくとき重要なのは，常に「企業のため」という論理立てを忘れないようにすることです。どうしても，個人のメンタルヘルスの視点や単に目先の作業を進める視点に偏りがちになるからです。また，一気に全部を決めようとするのではなく，何か事案が生じたときに，一つずつルールを築いていけばいいのです。ただ時代の流れも速いので，せっかく決めたそのルールが，案外すぐに形骸化することも多く，常にブラッシュアップする必要があります。

もし，一人でこの作業を進めざるを得ない方の場合，作業を進めて自分の中である程度の核ができたら，できればメンタルヘルス部門のスタッフや，上司に理解を求め，あわよくば企業公認のスタンスとして，公表してもらいたいところです。企業が大綱を示してくれないときは，逆に担当者が主導性を発揮するチャンスでもあるのです。

時には枠組みの変更も

これらの考察をし，目標から具体的な施策まで考えてくるとき，あるいはそれを実行しようとするとき，「どこまでがメンタルヘルスの業務なのか」という概念に苦しむことがあります。それはメンタルヘルスが，人事，医療，法務，教育，福利厚生などと連携する機能であるからです。

具体的に問題となりやすいのが，次の点です。

- 従業員の家族に対する支援をどこまでやるのか
- 退職者の支援をどこまでやるのか
- 従業員を企業が求める方向に考え方を変える「教育」にどれぐらいかかわるのか
- 人事にどれぐらいかかわるのか
- 就業時間外にどれぐらい対応するのか
- 場所的に企業の外に行って対応するのか
- 職場や職務に関する悩みだけに対応するのか，個人的な悩みにも対応するのか

これらは，実務を進めるうえで，現実的な問題となってきます。これらの認識が違うと，チームとして動くときにも軋轢が生じます。また，大きな企業になればなるほど，人事や福利厚生，医療，法律などとの競合もありうるので，できる限り明確にしておきたいものです。下手をすれば，こちらが前向きな仕事をしているのをよいことに，他部署から余分な業務を押しつけられそうになることもあるかもしれません。

また，前向きな変化は，他部署にとって「余計な仕事」と受け止められることも少なくありません。しかし，ただ喧嘩をしても，支援を具体化するこ

とはできません。トップや上司などの理解を得つつ，少しずつでも良い方向にしぶとく進めていく必要があるのです。その際に信念や思考，バランス感覚を助けてくれるのが，自分は「何のために」「誰の」「何を」「どう」「どんな制限の中で」支援するのかという大きな理念（目標や方向性）なのです。

意味のある仕事をするために，既存の枠組み（職務職責分担）を打ち破らなければならない場合もあります。担当同士で，あるいは現場だけの調整で済む場合もありますが，できれば企業に仕事内容や範囲を明示的に修正してもらうと，思い切り仕事ができます。特に，メンタルヘルス実務者が，いま，どの部署にいるのかが，誰の下にいるのかが結構大きな問題（障害）になることも少なくありません。自分が働きやすい環境を作るのも，仕事の一つです。リーダーへの提案のコツは，別項目（p.189）で紹介します。

第６章のポイント

- 自社の１年のストレスを見積りしてみる
- どこかに重点を置く必要がある場合がほとんど（例：ある部署を重視，弱っている方へシフト，疲労の第２・３段階への対処重視など）
- 具体的施策を考えるとき「会社のため」を意識する→個人のための意識が優先になりがち
- メンタルヘルス業務はときに職務分掌の枠組みを越えることもある
  ・支援の範囲・支援を行う場所・業務以外の問題への支援・他部署の業務への影響など
- 他社のメンタルヘルス実務者との交流で新しい視点をもつ

第7章 メンタルヘルス組織の構成

実効性のある組織づくり

本来なら，何をするかが決まって初めて，それに必要な組織が決まるものです。しかし，メンタルヘルス実務者はすでに今ある組織で活動していることがほとんどでしょう。そこで本章では，それをどう活用・改善していくかを考察することにします。

これまで何度か指摘したように，メンタルヘルス実務者が陥りやすいのは，とりあえず「決められたことをやる」という姿勢です。もし目標などの分析を経たうえで，本当にそれで良いなら，それだけの組織を作ればいいし，大概それはもうできているのです。

ここでは，さらに一歩進んだ組織づくりを考察してみます。

指針のシステムだけでは足りない？

指針の方策の狙い

平たく言うと，

- 啓発で知識を与え
- 労務管理と個人でストレスケア
- 上司と「ストレスチェック」で申告，発見
- 相談業務と専門家が悪化予防，医療等対応
- 復職は産業医を中心に対応

をやることです。そのための組織としては，既存の人事，法務，産業医のほかに，メンタルヘルス実務者，産業医をサポートする保健師やカウンセラーなどがいます。それらを連携させるのが「衛生委員会」です。

指針は，見識のある人たちが真剣に考えて提示してくれたものです。何もなかった状態から，これだけの組織を作り，それぞれの人に役割を付与すれば，それなりの効果は期待できます。指針の趣旨がより完全に実現されていけば，素晴らしいことです。

一方，現段階では，

- ライン に負担がかかりすぎる
- 幅広い組織を作っても，責任の分散，連携の難しさがあり，うまく機能していないことが多い

などの問題があるのです。

特にメンタルヘルス実務者は，規定された組織を運営し，決められた業務をやることに追われているだけのことが多いのです。しかし，一方で，現実に発生するメンタル不調者にも対応しなければならない人も多いはずです。面接，受診の説得，職場との調整，家族との調整，復職の支援，トラブル対応などで多くの時間を使っているでしょう。

核《コア》業務は何かを考えてみる

ここでもう一度，指針がない時代に戻り，フラットに考察してみたいと思います。小人数しかいないとき，メンタルヘルス業務の核《コア》(以下，コアと表記)はいったい何なのでしょうか。啓発が重要という人が多いと思います。ストレス発生の元を押さえたい，企業文化を変えたい……。確かに根本部分です。しかし，実はそれではうまくいきにくいのです。これまで紹介した，感情・疲労の3段階で考えるとわかります。

啓発教育は，第1段階にある人には，効果があるでしょう。「よし，うつ状態とはこういうものだ，調子が悪くなったら，ここに相談しよう」などと思ってもらったとします。しかし，その人が，例えば何らかの原因で疲労の第3段階に陥ると，別人になり，「絶対相談できない，相談しても意味がないし，悪いことが起こる」と考え始めるのです。どのように啓発教育を進めても，弱った人をレスキューするためのシステムはどうしても必要なのです。

そう考えると，いろいろな業務がある中，リスク対応，弱っている方シフト，そして緊急性からは，どうしても個別の対応がメンタルヘルスケアのコアとなるのです。

また，個別の対応は，個人によって大きく異なります。一つのパターンで対応できるものではありません。つまり，メンタル不調者が出たら，その人をサポートする個別のシステムを構築しなければならないのです。月に一度，多くの人を調整して開催される大きな会議ではなく，そのメンタル不調者のニーズに応じて，軽快に開催される会議が重要なのです。復職のタイミングで悩むメンタル不調者にとっては，月に一度開かれる大きな会議を待つのはつらいことだからです。ところが，炎上リスクや訴訟リスクなども考えると，厚生労働省の指針に沿う組織づくりや運営もやっておきたい，しかもやるべきことも明確で，やりやすい，となると，どうしても大きな組織づくりで終わってしまいます。

きちんと機能するメンタルヘルスのためには，「個別対応が上手にできたうえで，指針に示された組織づくり運営を，より実行力のある業務に企画・調整・実施できる実務能力のある組織」を作ることなのです。

最小限，力を発揮できるのは有能な担当者

そして，残念ながら産業医は，忙しさや計画などの実務業務の観点から，このメンタルヘルス組織のエンジンになることは難しいのです。産業医には医学的なアドバイザーとして活躍してもらい，現実的に組織のエンジンとなっていけるメンタルヘルス実務者を任命，育成していくことが，極めて重要になるのです。小さな企業になればなるほど，メンタルヘルス実務者がすべてのことにかかわります。まさにエンジンとならなければならいし，そうなれるポストです。

メンタルヘルス実務者がエンジンとなるには，次のような能力が必要でしょう。

- MC3を習得している
  - ✓ 感情の言語を操れ，メンタル不調者と上手なコミュニケーションが取れる

✓会社のすべての人と良質なコミュニケーションが取れ，情報も収集できる

● **うつ，復職について知っており対応，説明できる**

● **MC3，うつ対応について啓発教育できる**

● **メンタルヘルス業務の企画，計画，実行ができる**

● **メンタルヘルス業務にかかわる多種の調整がうまくできる**

✓グループ面接，ファシリテーターのスキルを持つこと

✓バランサーになれること

ここで，バランサーになるということについて説明します。

先ほど「エンジン」とういう表現をしましたが，エンジンという言葉のイメージからは，強い意志を持って，反対があってもやり抜くような人をイメージするかもしれません。困難な状況でも活躍するリーダーには必要でしょう。しかし，メンタルヘルス業務のエンジンとなるには，そのような強い信念はあまり必要ではありません。いろいろなプレーヤーがおり，命令すれば動くという単純な組織ではないからです。

また，メンタル不調者，職場，メンタルヘルススタッフごとに，価値観も違えば，正義も違います。その中で，何としても不調者や職場の利になるような行動を，しぶとく調整する役割なのです。しかも，支援業務は，一人だけで終わるのではなく，次のメンタル不調者も支援しなければならないので，メンタルヘルスチームの和を乱すことも避けなければなりません。誰かの意見が強すぎ，誰かの権利や気持ちが侵害されるときは，すかさずバランスを取った言動ができる，そんな人がいると，メンタルヘルス組織が継続的にうまく回りやすくなるのです。

コツとしては，すべての人の味方になることです。少なくとも敵になってはいけません。この際，会社の利益とメンタル不調者個人を最も重要視するとともに，「正しさ」より，「落としどころ」を大切にします。紛争や戦争の調停者のような働きです。このバランサーの観点から言うと，メンタルヘルス実務者は，産業医，人事，法務，教育などにも意見を言えるような，ある程度独立した配置にしておくことが望ましいと思います。

キーマンになる人材をどう選抜，育成するか

すでに本書を読んでもらっている人が，メンタルヘルス実務者なら，ぜひ，本書で紹介してきた内容を理解し，バランサーのような動きをしていただきたいのです。中小企業なら，制度づくり，人材育成，教育，個別の不調者やトラブルなどの対応，復職支援まですべてにかかわり，実を上げることができます。ただ，いずれにしても一人で継続的な仕事をするのは難しいので，同じようなスキルで働ける人材を増やしたいものです。

また，本書を読んでいただいている人が，メンタルヘルス実務者以外の方で，これからそのようなキーマンを企業の中に何人か選抜・育成していきたいと思っている場合もあるでしょう。キーマンになる人材は，次の項目のようなことに注意して人選してほしいと思います。偶然にでも，イメージにぴったりの人材がいればいいのですが，現実には，ある程度才能や経験のある人を選抜し，ポストにつけてから育てる，あるいは自ら育ってもらう必要があると思います。

キーマンは「資格」より，仕事ができるか，良いコミュニケーションがとれるか

メンタルヘルスにかかわる資格は必須ではありません。それより，いわゆる普通の「仕事ができるか」が重要です。これまで紹介したように，仕事内容は，目標設定，計画，プレゼンと調整，会議の運営，トラブルバスターです。そのために，パソコンなどの事務処理能力もある程度は必要です。会社の全体の動き（業界の動き，営業，製造，ロジ，人事，広報……）もある程度はわかっているべきです。さらに，「良いコミュニケーションがとれること」が重要です。多くの人とスムーズに仕事ができる人なら，他者の気持ちを思いやることができるはずです。自分の信念が強すぎないことも重要です。正しさにこだわり，他者を許せない感じの人はあまり適任ではないかもしれません。

先に，メンタル不調者に対する個別対応がコア業務だと紹介しましたが，仕事ができコミュニケーションの素質があれば，第３・４章で紹介したMC3やうつへの対応の基本的なカウンセリングスキルを習得することは，それほど難しいことではありません。例えば，筆者たちが属するメンタルレスキュー協会でトレーニングするなら，２日間×３回の基礎講座で，基本的スキルを

学習することができます。

医療系・カウンセリング系の資格を持っている方は，個別対応については大変心強い対応ができるでしょう。一方，支援する企業の動きをよく知るには，かなりの時間がかかると思います。また，これまで経験がなければ，計画やメンタルヘルスの組織づくり・運営にもかなりの苦労が伴うと思います。医師との連携は慣れているかもしれませんが，企業側に立っての交渉は難しいかもしれません。そのあたりがうまくこなせる方なら，資格も大変強い武器になります。

メンタル不調の経験者が実務者になることの是非

キーマンを探そうとするとき，メンタル不調の経験者が，そのポストを希望することがあります。メンタル不調者は，自分のつらい体験を何とか活かして会社に貢献したいし，他の社員の力になりたいと思うのです。その意欲は重要ですし，体験していることでメンタル不調者の気持ちもわかります。また，不調に陥っても，きちんと仕事ができるという実例を示すことにもなります。何を隠そう，この本の筆者は二人ともメンタル不調の経験者なのです。

ところが，デメリットもあるので，注意を要します。メンタル不調から完全に回復していないと，タフで他者に合わせる仕事が多いメンタルヘルス業務をやっているうちに，蓄積疲労が悪化しやすいのです。そうなると，バランスのいい支援はできません。また，完全に回復していても，自分だけの回復のコツのようなものを強く押しつけてしまう傾向もあります。確かにつらい経験は宝ですが，メンタルヘルス業務を行うには，先に上げた「バランサーになれる柔軟さがあるか」「仕事ができること」「良いコミュニケーションがとれるか」のほうを重視していただくとよいと思います。

育成・スキルアップ

人材を見つけたら，すぐポストにつける，つけないにかかわらず，スキルアップを始めてもらいます。できれば企業が主導し，まずは，MC3のスキルの習得を最優先にするといいでしょう。以降は，心理学・精神医学系等の学習に走らず，とにかく実務を経験してもらうことです。できれば，サポート体制を作りながらも，実務での活躍の場を作ります。本人にも，そんな機会を見つけ，作ってもらうよう働きかけます。

また，本書は，まず一人目のキーマン「メンタルヘルス実務者」を念頭に必要なことをお伝えしてきましたが，もしこの本を読んでいるあなたが，実力をつけていただいたとしても，一人で業務を回し続けるのは大変です。ぜひ，ご自分と同じような働きのできる仲間や後輩を増やしたいものです。

人事は遅効性，特に人材育成には，時間がかかります。筆者の下園は，コアとなる「心理幹部」を全国の各部隊（師団）に１名ずつ継続的に配置するため，10年以上３カ月間の育成教育を続けてきました。卒業した彼らが，東日本大震災で活躍してくれたとき，「ギリギリ間に合った」という感想を持ったものです。

キーマンの育成に当たっては，いま育成しつつあるキーマンの活躍をアピールするためにも，今後の後輩を育成するためにも，できれば役員クラスの人に，専門家の育成に関心と理解を持ってもらうとよいでしょう。人事の遅効性の中，現在はまだ良い結果が出ていなくても，ある程度の予算や人員を動かさなければならないからです。リーダーへのプレゼンのコツについては別項（p.182）にまとめます。

組織づくり，運営の際のコツ

メンタルヘルスは複数の機能が協力し合って進める業務です。ただ現実には，それぞれの部署がそれぞれの価値観，考え，業務の都合などがあって，現実には簡単に協力し合えるものではないものです。具体的には，業務の棲み分け，協力の度合い，情報共有をどうするか（プライバシーとの関連）などの問題を解決しなければなりません。その中で誰かが表・裏の舞台で上手に相互連携を進めるキーパーソンになっていかないと，なかなか上手にまとまった支援ができないものです。もちろんそれは人事部長でも，保健師さんでも，産業医でも，法務の役員でもよいのですが，事業の計画・実行とメンタル不調者への対応の双方ができる人材が適任です。本書ではそのような人材をメンタルヘルス実務者として育成することとして，話を進めています。

メンタルヘルス実務者が，上手にしぶとく組織をまとめるために，気をつけてほしい点を挙げておきます。

医師・医療との連携の仕方

メンタルヘルスの業務を実施するにあたり医師と上手に連携することはとても有効なことです。ぜひ産業医や地元の精神科医などと交流を持ち，彼らに信頼してもらうような働きをするとよいでしょう。しかし一方，医師だからといってすべての人がこちらが望むようなサービスを提供してくれるわけではありません。ほかのどの分野の専門家でも同じことですが，その人の性格や能力，価値観にはかなり差があるものです。

組織のメンタルヘルス業務を行う際に，医師との付き合い方に関して一つ注意しなければならないのは，医師の意見を妄信しすぎないということです。これがもし自分個人が何らかの病気で，ある医師と付き合う場合は，その医師が不誠実な対応をしたり，診断等に不安がある場合は，その医師との付き合いをやめるはずです。ところが会社などでは，医師が何か言うと，人事担当者などが「医師がこう言ってますから」と，それ以上は思考停止してしまい，極めて限られた行動をとってしまいがちです。私もいろいろな医師と付き合ってきましたが，とても尊敬できる人もいれば，メンタルヘルスについてあまり知識がなく，あるいは逆に偏見のようなものを持っている方もいらっしゃいます。

また，一般的に，医師は患者個人の権利を重視し，あまり会社側の都合には配慮してくれない人も少なくありません。さらに，医療は病気対応が主体で，企業で重視するべき，例えば疲労の第２段階の人への対応などは，それほど得意ではありません。病気はよく知っていても，本書でお伝えした疲労からメンタル不調になることについてはあまり知らなかったり，あるいは恋愛や死別，災害などの「一般的な出来事によるショック」についての苦しみへの対応は，それこそ一般人レベルの助言しかできない方も多いのです。医師も一人の人間であり，決して万能ではないし，感情も偏見もあるのです。

ある産業医は，主治医も上司も OK を出しているのに，ある従業員の復職にとても否定的で，結局その従業員は会社を辞めざるを得ませんでした。ろくに面接もしないままでの産業医の判断に周囲は振り回されてしまった感じでした。また，ある医師は，「適応障害だから，休ませてはダメ」という極端な信念を持っており，その会社では，死にたい気持ちが強くなっている人でも働き続けさせていました。それに対して，人事は，病気のことはわからないので……と，判断を医師に丸投げし，企業としての「何かあったときの言い訳」にしている部分がありました。たとえ，その方が自死しても，産業医も主治医も責任を取ってくれるわけではありません。

企業と個人を真に守っていこうと思えば，医師の意見だけですべてを決めてしまうのは無責任です。かといって，もちろん医師をないがしろにしてもいけません。メンタルヘルスの問題だけでなく，身体的にも，あるいは企業の防疫，健康管理全般についても，いろいろな意見をいただく大切な人材です。地方などでは，ようやく産業医になってくれる人を見つけられたという場合もあります。

ただ，その産業医の実力や体力，時間的な融通性などを考慮し，産業医に何をどこまで期待するのかをある程度現実的にイメージをアップしておく必要があります。どんなに優れた医師でも，情報がなければ正確な判断はできません。医師が「こう判断した」から，と言ってそれ以上の情報収集や分析を中断してはいけないのです。新しい情報が入ったら，ぜひすぐに医師と共有してください。また，もしメンタルヘルス実務者が，医療従事者の場合，医師にどうしても意見が言いにくくなります。判断に迷うことがあったら，「従業員と会社のためになっているか」という視点を忘れないようにしましょう。

以上のことに気をつけつつ，ぜひ積極的に交流，情報交換し，チームとして活動できるようにしたいものです。特に，上層部への説明などのときは医学的な立場から意見をもらえると，強力な後押しになってもらえます。

法務との連携の仕方

法律に則って業務を実施することは，メンバーのメンタルヘルスを守るために，とても重要です。労働基準法が改正されたり自殺対策基本法が成立したりすることで，職場がメンタルヘルス業務に積極的に取り組むようになってきました。

一方で，実務においては，何かメンタルヘルス関連のトラブルがあった場合には，メンタルヘルス関連規定には，罰則がないので，訴訟の問題になることがあります。その場合，「訴える個人 VS 会社を守る法務」の構造ができるのです。法務が，会社の利益を守ろうとすると，いざというときには，メンタル不調者を攻撃する立場になってしまうのです。法務は，理性で仕事をします。法務でそのようなコミュニケーションを鍛えてきた方は，どうしてもその「いざ」を想定するし，いつもの理性優勢のコミュニケーションで接すると，メンタル不調者の不安や怒りをいたずらに刺激してしまうことがあります。こういう場面こそ，メンタルヘルス実務者が上手に通訳として双方の意見を整理し，感情を抑えた交流ができるようにしなければなりません。

紛争を前提とした交渉では，どうしてもメンタル不調者が素直に援助を受けなくなってしまいます。

プライバシー保護について

個人の情報の扱いにとても気を使わなければならない時代です。特に医療や法務の方は，法律や倫理規定等で，個人情報の開示を制限されています。一方で，メンタル不調者をチームで連携して支えようとするとき，情報共有は有効ですし，必要です。その人のプライバシーの権利を守るのか，その人の命を守るのか，ルールを超えた人としての常識の判断が必要になる場合もあります。いずれにしても，「従業員のため」という大きな目標に向かえることが重要です。

まずは，医療や法務の方に，適切な判断をしてもらうために，メンタルヘルス実務者がきちんと，情報交換しない場合のリスクを説明しなければなりません。説明する力がないと，医療や法務の方々も，適切な判断ができません。

また，論理的な判断だけでなく，チーム内の人間的信頼関係による判断もあります。「この人ならこの情報を提供しても悪用しない」という誠実さへの信頼，「この人なら情報の開示がもたらすリスクをきちんと予測し，適切な対応ができる」という仕事能力への信頼が，人間的信頼関係の中身ですが，メンタルヘルス実務者の日ごろからの仕事を通じて，この２つの信頼を築いてほしいのです。それでも，情報を出す，出さないは，個人の価値観による部分があります。価値観は正しい，正しくないを超えた，好き嫌いのレベルなので，説得しようとすると，今度は人間関係を危うくしてしまいます。そこまでいくと，将来的な協力体制にもひびが入ります。情報交換，共有の努力はするものの，それが無理な場合は，情報なしの状態で最善を尽くすしかないのです。

外（企業外）にも資源を持つ

メンタルヘルス実務者に余裕があれば，ぜひ，地域あるいは最近はネットなどを通じて地域を越えて交流できるメンタルヘルス専門家同士の会合や勉強会などに参加するとよいと思います。本書で紹介するようにメンタルヘルス業務を進めることは，実は大変葛藤の多い仕事なのです。他の企業ではそれをどのように解決しているのかなどの情報を交換することがとても有効になります。メンタルヘルス実務者がバランサーとして頑張っていると，どうしても自分自身が消耗してしまうことがあります。そのようなときに，同じ仕事をしている仲間同士で支え合う交流ができると大変救われることがあります。

また上司やトップなどにさまざまなことを情報提供し，説得しなければならない場面があると思いますが，たとえあなたにかなりの知識や経験があっても，企業の人はそれを簡単に認めてくれない傾向があります。日本人は企業の内部からの情報より外部の専門家の情報をありがたがる傾向があるのです。そこで，企業外との交流で見つけた人脈をうまく使って，企業の啓発教育に参加してもらったり，あるいはリーダー上司などへの説得のときに力を貸してもらうとよいでしょう。ただこの際，会社や個人のプライバシー情報を提示しながら相談することがあると思うので，相手の人が本当にきちんと情報管理してくれるかどうかについては，慎重に判断しなければなりません。いくつかの交流を通じて，あなた自身が直接観察するとともに，ほかの方々からの他人評も含めて総合的に判断するとよいと思います。

企業外の相談員・カウンセラーの選び方

企業外の相談員を依頼するとき，ぜひ実力のある方に依頼したいものです。ここでも肩書はあまり必要ではありません。相談者が「あの人に相談してよかった，また相談したい」と思ってくれるような方が必要です。数名の候補者から選べるときは，単純な面接で選ぶのではなく，まず，メンタルヘルス実務者がその実力を測ってみてください。自分で何かを相談してみるのです。あるいはお試しに，クライアントを紹介し，そのクライアントの意見を聞くのもいいでしょう。

また，心理学的な知識や経験が豊富でも，企業のメンタルヘルスポリシーや，プライバシーポリシーと合わない人もいます。カウンセラーには，それぞれの正義感や，保有する資格や所属する団体の倫理綱領などの縛りや価値観，風土などがあるので，こういうことがあったらどう対応するか……などの事例を出して，話し合っておくといいでしょう。

何も近場で探す必要はないと思います。最近はオンライン会議システムも普及しているので，リモートカウンセリングで対応してくれる人でも，十分な効果が期待できます。

コラム

リモートカウンセリングの利点と欠点

一般的に年配のカウンセラーや，過去にカウンセリングを受けたことのあるクライアントからは，リモートカウンセリングは避けられがちです。やったことがないので，何となく不安というのが主な原因です。

しかし，カウンセラー側に，オンラインカウンセリングを活用できるスキルさえあれば，むしろオンラインカウンセリングのほうが，企業の支援になると感じています。というのも，カウンセリングの時間だけ拘束すればいいので，良いカウンセラーを探せます。また，何かの事案があったときの救急の対応も，オンラインをベースにしておけば，対応が容易です。また，メンタル不調者本人との面接だけでなく，メンタルヘルス実務者や職場の上司，人事などを含めた情報交換をするのも容易です。しかも，もし本人がオンラインベースで仕事をしていても，わざわざカウンセリングを受けるために出社する必要もありません。休職中の従業員にもアクセスできます。

このように，オンラインカウンセリングは利点がたくさんあるのです。一方で，カウンセラーの「味方」の人間関係を作るスキルが不十分な場合は，オンラインカウンセリングは誤解が生じやすい部分もあります。カウンセラーのスキルの差が大きく表れてしまうのです。

他業務との兼務の問題

中小企業では，メンタルヘルス業務に専念できず，他の業務との兼務体制で活動せざるを得ないことが少なくありません。その場合，メンタルヘルス業務以外の仕事ばかりしてしまう傾向があります。メンタルヘルスの業務は，やったことがないし，結構難しい。個別のケアにも自信がない。むしろ来ないでほしい，と思うぐらい。さらに人事は遅効性なので，仕事の成果も感じにくい……。一方，もう一つの業務は，一般的業務としてある程度先が読めます。さらに定例イベント的な仕事など，目先・喫緊の問題を，みんなで協力しながらやるので，達成感も感じやすい。

こうなると結局，次第にメンタルヘルス業務に割く時間とエネルギーが小さくなりがちです。それではきちんと機能するメンタルヘルス業務にはなりにくいのです。その対策は，本書に示したように，目的から考察し，きちんと計画を作り，それを上司やリーダーにプレゼンすることです。また，スキルを上げてメンタル不調者をきちんと支援することで，本人，上司から感謝され，それを業務遂行のモチベーションとすることです。人は認められたり感謝されないと，なかなか力を出せません。

しかし一方で，メンタルヘルスだけに必死になりすぎても，企業から浮いてしまいます。もう一つの業務が忙しいときは，きちんとそちらを応援する。ここでも，バランス感覚がとても重要になります。メンタルヘルス業務の中身だけでなく，個人的な働き方全般，特に仕事の重点の置き方についてもアドバイスしてくれる人がいるとありがたいものです。

第７章のポイント

- **メンタルヘルス組織のコア業務は個別対応→指針にある組織づくりはその後から**
- **メンタルヘス業務のエンジンとなる有能なキーマンを育てる**
  - ・感情の言語を理解しており，うつや復職について対応できる
  - ・MC3 やうつへの対応について教育することができる
  - ・メンタルヘルスの業務を企画，実行できる
  - ・メンタルヘルスの業務にかかわる複雑な問題の調整役になれる（バランサー）
- **メンタルヘルス組織の運営時の他者との連携に注意する**
  - ①医療職との連携→過度に依存しない
  - ②法務・顧問弁護士との連携→法律がメンタル不調者を攻撃することがある
  - ③社外メンタルヘルス実務者との連携→新たな視点，情報の共有
  - ④社外カウンセラーの導入時は実績を重視して選定する→お試しカウンセリングで評価

第8章 メンタルヘルス業務の運営

厚生労働省の提唱する業務の実施について

厚生労働省の指針では，メンタルヘルス対策をプロセス的に3つの予防段階に分けています。また，対象ごとの分類としては，労働者自身で取り組むセルフケア，管理者が取り組むラインケア，産業医などの医療職によるケア，会社以外の専門機関（EAPなど）によるケアと分類し「4つのケア」と呼ばれています。すでにこの分類で，業務が整理されているはずです。もし，まだ全く手がついていない状態なら，一応この区分で業務を考察してみると，漏れが少ない事業態勢になると思います。

また，役所や他社と交流するときは，この区分が使われるので，概念は理解しておくべきです。具体的な施策は，目的を分析して案出していくものですが，法的にやらなければならないことは，どうしても避けられません。まずは，その「やらなければならないこと」を，どううまくやるかについてお伝えします（p.29，図2）。

ストレスチェックについて

ストレスチェックは現在（2024），常時50人以上の労働者を雇用する事業場が実施を義務化されています（50人未満は努力義務，しかし2025年以降すべての事業場が対象になる予定です）。ストレスチェックはいくつかの質問に回答することで，自身の①仕事のストレス要因，②心身のストレス反応，③周囲のサポートの3領域の状態を定量化して表すものです。このストレスチェックによって，1年に1回，自分のストレスの状況をチェックすることができます。また，会社側からしてみれば，個人の特定はできないものの，10人以上の単位でその部門のストレス負荷をチェックすることができます。

一方，匿名化されて実施されるため，ストレスチェック実務担当者はもちろん，人事総務担当者でさえピンポイントの情報をえることができないことになっています。人事総務担当者が見られるのは，10名以上で構成される部門での状況です。たとえその情報があったとしても，個別のアプローチはできません。ましてや10人未満の部署については，まとめたデータさえ企業としては見えないことになります。少人数の部署こそ仕事のストレスが高い可能性があるにもかかわらず，です。

疲れているラインにただ発破をかけるのは避けたい

ストレスチェックが始まったころは，企業としても何らかの対策をしなければいけない（経費をかけて実施したのだから，やりっぱなしはまずい）ので，高ストレス部門の長を集めて，「ここに集まっていただいた皆様の部署は，高ストレス部署となっています。メンタル不調者をださないために何が問題か？　考えてみましょう」といった研修を行っているという話を聞きましたが，これは従業員のストレスに対する責任を，ラインに丸投げしていることになります。こんなことを続けていたら，メンタルヘルス部門はラインから信用されなくなりかねません。

よく言われることですが，部課長クラスは中間管理職層であり，人手不足からプレイングマネージャーであることが多く，企業の稼ぎ頭となっています。つまり，かなり疲弊している可能性があります。本来はここをケアの対象にしたいところであるにもかかわらず，「職場のメンタルヘルスは君たちのマネジメントにかかっている！」と発破をかけても，いい反応がないどころか反発される危険の方が大きくなります。

うまくいっているケースや施策を共有する

そこで，このストレスチェックについて私たちは，定量化されたデータの悪い部分に注目するのではなく，逆に問題のない部署に注目することを提案しています。これだけ忙しくなっているのに，この部署のストレス負荷はどうして少ないのか？　部署長はどんなマネジメントをしているのか？　などを観察し，教えてもらい，そのポイントを見つけるようにするのです。

例えば，ストレスチェックの「周囲のサポート」の区分は「職場における他の労働者による当該労働者への支援」がどれくらいあるか？　を見る領域ですが，ここが高いということは，職場のコミュニケーションが良好であることが推察できます。実際にその職場に行ってヒアリングし，何が良い効果を発揮しているのかを発見し，それを他の部署に横展開できるようなしくみができるといいでしょう。

従業員の育成場面でもよく「短所よりも長所を伸ばしましょう」と言われます。企業自体にもそのようなポジティブなフィードバック循環をもたらすことが，全体のメンタルヘルスを向上させるかもしれません。

ストレスチェックに答えると不利になる？

ストレスチェックのもう１つの問題点は，従業員が本音で回答できるか？　ということです。ストレスチェックのようなアンケート方式の場合，そのほとんどが，業務の片手間で実施することが多くなります。忙しいときに，「またアンケートか！」と全く提出しない人がいたり（ストレスチェックの実施は会社の義務ですが，従業員には提出の義務はありません），適当な回答ですませている人も多いと聞きます。

NTT データ経営研究所が 2021 年に行った「働く人のメンタルヘルスとサービス・ギャップの実態調査」（https://www.nttdata-strategy.com/assets/pdf/newsrelease/210915/actualsituation_results.pdf）という調査によれば，現状ストレスを感じていない人へ，ストレスチェックに抵抗を感じているか？　という質問をしたところ「非常にそう思う」4%，「そう思う」22%，あわせて 25%くらいだったのが，今まさにストレスを感じている人に同じ質問をするとストレスチェックへ抵抗を持っている人は，「非常にそう思う」10%，「そう思う」29%と合計で４割近くに増えるという結果もあります。

そしてその理由を問うと「ストレスチェックでストレスが多いことが明らかになった場合，職場で不利な立場になるかもしれないから」が 42%と断トツで多く，次いで「ストレスや悩みが明らかになっても，どうすればよいか分からない」17%と続きます。これらのことからも，ストレスチェックが従業員のありのままのストレス状況を反映していると期待しすぎてはいけないことがわかります。ただ，きちんと答えない人がいる，というだけでその施策全体が意味を失うわけではありません。以前にも触れましたが，100％の施策はないのです。その施策で拾える人を拾えばいい。あとはほかの施策を重ねていけばいいのです。

現在のストレスチェック制度のシステムでは，メンタルヘルス実務者として，十分な情報を収集はできない，というのが現場の実感です。とはいえ，ストレスチェック自体は，年1回は義務として実施しなければならないので，それをよい機会として，少しでも実務者として必要なデータが取れるような工夫をしていけばいいのです。そして，メンタルヘルス実務者は，現状把握の項目（p.127）でお伝えしたように，ストレスチェックだけでなく，口コミや観察，その他のデータなどから，総合的かつ継続的な情報収集をすればいいのです。

相談窓口の整備

指針に示されるもう一つの施策が相談窓口の設置です。2020年6月1日に施行されたパワハラ防止法で，企業に対してパワハラ対策のための相談窓口設置が義務化されました。企業によっては，部内外さまざまな相談窓口を設置しているところもあるでしょう。しかし，残念ながら現状では，これらの相談窓口もストレスチェック以上に従業員から抵抗感が強いものになっているようです。

NTTデータ経営研究所の前出の調査でストレスが増えていると感じる人に，相談窓口への抵抗の有無を問うと，「非常にそう思う」（14％），「そう思う」（42％）と半分以上の人が抵抗を感じるという結果が出ています。せっかくつくった相談窓口の利用実績が少ないと，本当に必要なのだろうか？とその存在を疑問視するようになるかもしれません。

メンタルヘルスの相談窓口は社外にも存在します。個人で助けを求められるような相談窓口もあれば，会社がメンタルヘルスや福利厚生の一環としてアウトソーシング契約した相談窓口などもあるでしょう。アウトソーシング契約などをする場合はどうしても費用がかかるために，費用対効果の分析をしなければなりません。このように効果を測定するときは，事前にその窓口への期待値（目標）を明確にしておく必要があります。例えば一般的には，相談数や，相談時間，どんな相談があったか，それが解消したか，などで評価することが多いと思いますが，必ずしもその評価が適正だとは限りません。

相談ツールにはその相談ツールが果たせる役割みたいなものがあります。例えば最近よく見られるSNS（例えばLINE）相談などでは，オンラインの時間を30分などと制限されているとすると，テキストのやりとりは合計10～20往復ぐらいしかありません。こうなると心理面の整理や，悩んでいる問題への具体的なアドバイスなどは難しくなります。

一方，SNS相談のメリットは気軽に相談できることです。おそらくSNS相談の狙い（期待値）は，葛藤の解消や問題の解決ということではなく，誰かと繋がっていることによる安心感の付与だと思われます。そのように期待値を適切に設定すると，どんな相談内容だったかとか，問題が解決したか，という検証項目はほとんど意味がないということに気がつくでしょう。それよりも，もっと気軽に小さいことでも相談できるように広報して，相談件数を増やすことに尽力すべきなのです。逆に時間にあまり制限のない電話相談などの場合は，同じ人が何度も相談することもあるでしょう。この場合も相談内容に進展がなくても，「誰かと繋がっていることで困難な日常を進めていけている」と判断できます。この場合，その方の日常生活の困難さと相談回数・時間を事例としてまとめることで，その相談窓口の一つの効果として認識するとよいのです。

また，せっかく作った相談窓口をできるだけ使ってもらえるような工夫をすることも重要です。一番効果的なのは，口コミです。「あの相談窓口に行ったら大変親身に相談に乗ってくれ，助かった」そういう評判が立つと，次から次へと相談者が増えていきます。そのためには，できるだけ実力のある相談員（先）を確保（依頼，育成）することです。企業外からの相談員の募集については，第7章でも触れたので確認してください。

そして，単に相談窓口を設置しましたとアナウンスしても，疲労の第2・3段階にあるメンタル不調者は，相談して傷つけられはしないか，と恐れているので，「どんな人が相談者なのか」という情報がとても重要になります。ぜひ，相談を受ける人の人となりや専門性などがわかる紹介のパンフレットやVTRを作って，トイレに掲示したり，社内SNSなどでいつでも見られるようにしておくといいでしょう。また，口コミに通じますが，過去に相談してみた人の感想などがみられるページや，簡単な相談にカウンセラーがコンパクトに答える様子を動画などでアップしてもいいでしょう。

とにかく，どんな人がどんな感じで相談を受けてくれるのかを，きちんと表現するのがコツです。もし，相談しにくい，相談しても意味がないという雰囲気が強い企業なら，管理者層に体験的にカウンセリングを受けてもらう施策を組むのも効果的です。この場合も，ぜひ優秀なカウセラーのカウンセリングを受けていただき，「これは重要だ，役に立つ，部下にも勧めたい」と思っていただきたいものです。

労働時間管理

「残業時間の管理」は，人事担当者が，さまざまな規定に基づいて実施していることと思います。また，昨今は「勤務間インターバル制度」の導入なども義務化の方向ですすんでいます。残業時間の増加や勤務間インターバル時間の縮小は，もちろん疲労管理と直結しますが，例えば「残業80時間以内にすること」だけを見ていると，本質を見失いかねません。目的は，「残業時間を法的制限内に収める」ことではなく，従業員のメンタルヘルスを保つことです。

本書で紹介してきた蓄積疲労のメカニズムを思い返してください。80時間という区切りは，都会で一般的な生活をしていると，睡眠時間が6時間を切る可能性があるラインだと言われています。睡眠時間が6時間を切る状態が継続すると，身体不調になる確率が急激に高まります。つまり，80時間の過重労働だけでなく，睡眠時間がギリギリになっているということも極めて大切な要素なのです。例えば，通勤時間が2時間の人，帰宅後親の介護をしている人，新生児の世話をする人，など仕事以外の労働が重なると，疲労はさらにかさみ，睡眠時間ももっと少なくなってしまいます。昼夜不規則な勤務態勢や長距離の移動などは労働時間にカウントされなくても，疲労を深め睡眠時間を少なくします。また，年齢や体力，病気の有無，疲労の蓄積度などによって，80時間の持つストレス度は変化します。もし，その方が蓄積疲労の第2段階にあれば，残業80時間は，その人にとって160時間分の負担感になっているのです。そのような個別ケアの視点なしに，数字合わせの管理に甘んじないようにしたいものです。

コラム

なぜ残業 80 時間以上を避けるべきなのか

一般的にいう過労死ライン残業 80 時間の根拠は，いくつかの疫学研究に基づいて設定されたものです。「月 80 時間超の時間外労働が過労死ラインに設定されている医学的根拠」https://www.mesoscopical.com/entry/2017/09/21/050000。

また，健康づくりと睡眠時間についてのガイドが厚生労働省から出ているので，関心のある方はこちらもご覧ください。「健康づくりのための睡眠ガイド 2023（案）」https://www.mhlw.go.jp/content/10904750/001181265.pdf。

陥りがちなメンタルヘルス施策の問題点

厚生労働省が示してくれる施策を実行しようとするのはよいのですが，なかなか効果が上がらない業務になっていることが多いようです。うまくいっていないケースには大きく３つのパターンがあるようです。

権威が示すことを，目的を考えずにただ深めてしまうケース

示されたことを真面目にやろうとする実務者が，このパターンに陥りがちです。「示されたことをまじめにやる」のは素晴らしいことですが，一つ残念なのは第５章でお伝えした目標の意識が甘いことです。スタートが，例えば「ストレスチェックをやる」「窓口を設置する」なので，自分たちの企業では，その施策がなぜ必要なのか，誰のためにやるのか，という分析がないのです。その結果，ただその業務に追われてしまうことになります。さらに，示されたことを完全にやろうとすると，例えば「ストレスチェックの回答率を 100％に近づけること」に多くの労力を使うことになります。

そのほかにもよく見られるのが，メンタルヘルス強化月間の設定などです。

例えば，そこで啓発教育をしたり，不調者の早期発見をねらったラインによる面接を計画するかもしれません。このような明確な期間があると，確かに「メンタルヘルスは大切」という漠然とした意識づけにはなるでしょうが，決して深刻にそれを意識してもらえるわけではありません。むしろ，ラインはその期間に面接を組み報告しなければなりません。また実務者も，その計画や分析・報告に追われることになります。いずれにしても，「何のためか」が十分意識されていないまま，指針に示された会議や計画の作成作業などを，必要以上に深く，複雑にしてしまう傾向があるのです。

ストレス見積もりをして，年間業務計画を立てる方法を紹介しましたが，まじめな実務者ほど，業務が入っていない期間に，何か目に見える仕事を作って入れてしまう傾向があります。メンタルヘルス業務の最重要部分（コア業務）は，個別対応です。全体のストレス見積もりを作成しても，個人のストレスの変化までは，完全に予測できません。メンタルヘルス実務者に余裕がないと個別のケアに十分に対応できないのです。この点が，「とにかく活動する」という営業や制作部門などと違う態度になります。

分析にこだわりすぎるケース

もう一つ，とても真面目で頑張っているのになかなか結果が出ていないパターンがあります。それは新しくメンタルヘルス業務に携わる上層部や担当者が，「自分が今のメンタルヘルスの問題を改善するのだ」と強く意気込み過ぎている場合です。そのような方は通常とても優秀な方なので，特に科学的な思考と行動力を求めたがります。また，これまでの前任者が無能だったから「今の問題がある」と思っていることが多く，これまでの施策を否定して，まずはきちんと現状を分析することから始めたがります。もちろん，これは決して悪いことではなく研究分野などでは，特に重視される手法なのですが，ただ，そのために多くの時間とエネルギーがかかるのです。最近はネットなどを活用して比較的容易に簡単な調査ができるようになりましたが，本当に「有意のデータ分析結果か」などとこだわり始めると，それだけで実務者の業務が止まってしまいます。

筆者たちも，上司が変わるたび，何度もこの「現状把握」を要求されましたが，残念なことに，メンタルヘルスは，今のデータだけをとっても，比較がないと分析しにくいし，質問や観察が本当にこちらが知りたいことと合致していないと，適切な答えが出ないものです。何より，個人のメンタルヘルスは企業の都合だけでなく，個人や社会の変動の影響を非常に大きく受けるので，データから企業に反映できることを取り出しにくいものなのです。そして１年ほどかけて分析しても，「そうか，これまでの施策を続けるしかないか」という結論に至ることが多いのです。

また，もう一つ実務者がこのようなまじめで優秀な上司から振り回されるパターンがあります。そのような上司は勉強家でリーダーシップやメンタルヘルスに関する情報にもアンテナを張っています。すると，例えば近年でいえば，アドラー心理学，アンコンシャスバイアス，心理的安全性，レジリエンス，PTG（心的外傷後成長）などのテーマに感銘を受け，それを企業に活用したいというアイデアを出してくるのです。ただ，人間心理に関しては「はやりもの」があっても，本質は昔からほとんど変わらないのです。メンタルヘルスに魔法はありません。人事は，遅効性，継続性なのです。

はやりものを取り入れることが悪いわけではありません。関心を引く事業を行うのはよいことです。ただ，忘れないようにしなければならないのは，コア業務である個別対応を充実させるには大変多くの時間と労力がかかるのです。メンタルヘルス実務者が，それ以外の業務に多くの時間とエネルギーをそがれるのは，本末転倒になってしまいます。

施策や目標が誤ったメッセージを発信しているケース

実務者が熱心にやっているのに，残念ながら実が上がらない施策になっている３つ目のパターンは，施策が持っている（発信している）メッセージについて無頓着な場合です。

メンタルヘルス実務者に必須のスキルの部分でお伝えしたメッセージコントロールというのは，何もカウンセラーなどが表情や要約だけで発信するものではありません。企業が何かの動きをするとき，必ず何らかのメッセージが伝わります。企業の思惑でないメッセージがメンバーに受け取られることもあります。例えば学校の校長が，「自殺ゼロ」の目標を掲げたとします。自殺で亡くなる方をゼロにしたいというその大きな方向性に異議を唱える人はいないでしょう。しかしこの目標は，「自殺を考えることは悪いことである」

という裏メッセージを与えてしまうことが多いのです。

疲労の第3段階（うつ状態）になると，症状として死にたい気持ちが生じてしまうことはお伝えしました。自殺ゼロを目指して校長先生が「命の大切さ」を話せば話すほど，既に死にたい気持ちが生じている生徒は，「自分は命を大切にできていないダメな人間だ」と自分を責め，校長先生が「ぜひ先生たちに相談してください」と具体的な方法を提示しても，「打ち明ければ先生たちに怒られる，期待を裏切る」「友達にも家族にも内緒にしなければならない」というように，期待する方向と全く違う行動をとらせてしまいがちなのです。そもそも，その「自殺予防ゼロ」の目標は，元気な人ではなく，主に死にたい気持ちがある人に向かって発信したはずです。そのターゲットが，上のような捉え方をするとしたら，この施策がいかにずれているかがわかるでしょう。

このように施策を行う際は，その趣旨説明を十分にするとともに，言葉の使いかたなどにかなり配慮する必要があります。

裏メッセージに取られやすい施策の説明や啓発内容を表2に上げておきます。

ストレスを減らす＋
「言い出せる知識，雰囲気，きっかけ」

では，どのような施策を進めていけばいいのでしょうか。もちろんその企業の特性によってメンタルヘルス実務者が案出していくべきものですが，一つのヒントとして，筆者たちが重視している考え方をお伝えします。

私たちは，メンタルヘルス施策を企画する際，2つの軸があると考えています。1つは企業のストレスを減らす工夫です。労働環境，労働時間，給与，厚生，人間関係などを改善していく作業ですが，企業全体として取り組むことなので，比較的わかりやすく，施策としても成立しやすいものです。もう1つの軸は，リスク管理です。特にメンタルヘルスのコア業務である，個別のケアを充実させるための工夫については，経験がないと効果的な施策を立てることが難しいものです。そこで私たちは，「言い出せる知識，雰囲気，きっかけ」として考えることを提唱しています。

メンタル不調は自分でも気がつきにくく，第3段階になると別人化して援

表2 裏メッセージに受けとられやすい施策

施策・啓発内容	実施の意図	受け取られやすい裏メッセージ
自殺の統計，交通事故の4倍	こんなに自殺があるのでしっかり取り組もう	こんなに自殺があるなら，自分も自殺するかも
季節性うつ	事実の伝達	季節になるたびうつに戻るのか
うつの再発が多い	事実の伝達	一生，治らないんだ
うつの3分の1は薬を飲み続ける	事実の伝達	一生，治らないんだ
うつになる性格はこれこれ……	事実の伝達	当てはまる自分は，一生うつから回復しない。またうつになりやすい
未遂の人は自殺しやすい	事実の伝達，周囲に対する注意喚起	やはり，自分は結局自殺するかも…… それを知らずに彼の自殺を防げなかった
自殺を予測しよう	兆候により予防	予測できず，自分の責任で，防げなかった
「あなたを選んで打ち明けた」	しっかり取り組んでほしい	自分は，しっかり対応しなかった。だから彼は自殺した
命の大切さ	しっかり意識してほしい	そう思えない自分はダメ。この人には相談できない。わかってもらえない
自殺のリスクファクター	気づいて予防してほしい	自殺は予防できるもの→できなかったのは，私が悪い。発見できなかった自分が殺した
ストレスでうつ	興味を持ってほしい	刺激に弱いとうつ・自殺，自分はそうだ
悩みでうつ	悩みを無くしたい 早期に相談してほしい	悩んだから，悩ませたから，うつ・自殺
ストレスコントロールすべき	方法を教えたい	それをやればうつにならない→なった人は，それをやらなかっただめな人
発達障害	いろいろな人，つらさがあることを知らせたい	自分は「障害」があるだめな人間
自殺の前には必ず兆候がある	兆候に気づき止めたい	止められなかったのは，兆候を見逃した白分のせい
セルフケアの教育	自分で何とかしてね	うつっぽくなっても相談してはいけない，自分で対処しなくては……
「あなたには関係ない教育だね」	あなたがうつになる人だとは思っていないよという配慮	やはり，うつになるのは特別な人。もしすでに自分がうつっぽい状態なら，とても言い出せない

助を求めにくくもなります。そこで，まず感情や疲労の3段階の知識を啓発教育していくのです。これが，言い出せる知識の付与です。

そのような啓発が進むと，自分でも「そろそろ危ないかも，何か対処するべき時期かも」と気がつくようになるでしょう。しかし，企業自体がメンタルヘルスに対する偏見が強かったり，一度メンタル不調になると，人事上大変不利になるなどの前例が多いなら，人はなかなか企業内で援助を求めようとしなくなります。そこで「疲労の第2段階になったら，早めに休んで，また元気になったら戦力になってもらう。一度休んだからといって，将来のキャリアが閉ざされるわけではない」ということをメッセージとしてきちんと伝える必要があります。それが，言い出せる雰囲気づくりです。

トップなどの言葉や実際の人事措置などで，そのメッセージが伝わります。さらに，そのような雰囲気が出来上がっていても，別人となっているメンタル不調者は，対人恐怖や不安が強くなっているので，やはり自ら「私は不調です」と言い出しにくいものです。そこで，言い出す勇気だけに期待するのではなく，企業のほうから「今調子はどうですか，何か企業ができることがありますか」と尋ねてみる。これが言い出せるきっかけ作りです。ストレスチェック，ラインの面接，各種相談窓口は，このきっかけづくりに当たります。

啓発の進め方

実のあるメンタルヘルス業務（特に個別のケア）を構築するには，まず啓発教育から始める必要があります。言い出せるきっかけ作り，つまり相談窓口等は，企業がその気になったら短期間でできますが，個人の知識や企業の「相談してもいいよ」という雰囲気がないと，なかなか活用されません。また，雰囲気は，啓発がある程度進んでいって初めて出来上がるものです。実務者として，やった感があるのはきっかけ作りですが，実を上げるには啓発教育を充実していかなければならないのです。

「啓発教育はやっています」という実務者も多いと思います。指針にも実施するよう強調されていますし，実施するべき項目も明示されています。私たちが所属するメンタルレスキュー協会も，各種の団体組織からメンタルヘルス啓発の講演や教育を依頼されています。その際，その企業の啓発教育のこれまでの内容などについて伺うこともあるのですが，一般的には部外の有名な講師を呼んで講演などをすることが多いようです。

その内容には，大まかに３つのパターンがあるようです。１つ目は，個人の悩みを減らす考え方や方法，つまり「ストレスの減らし方」をテーマとする場合です。厚生労働省の４つのケアの区分では，個人（自身）のケアのためのテーマです。ところがこれは，第１段階の悩みの薄い人には大変に役に立つ知識でも，第２・３段階の人には，「わかるけど，うまくできない」知識になります。さらに「企業人は自分でストレスをコントロールしなければならないのだ」というメッセージとして受け取られる場合が多いのです。

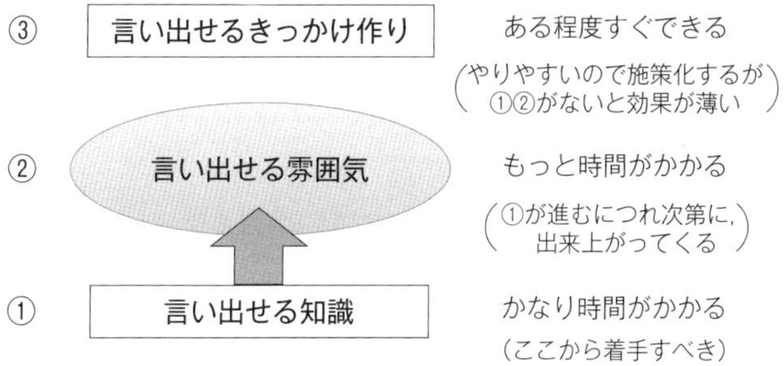

図８　施策の進め方

２つ目のケースは，医師による教育です。これは個人ケアとラインのケアに当たります。病気とその予防について教えてくれると思うのですが，精神医学の話はなかなか一般の人には理解しにくいものです。治療の話は充実していても，働いている人の不調については，どうすればいいのかあまり具体的でない場合が少なくありません。さらに，ラインのケアを強調すると，メンタル不調はラインがしっかりケアをしないからだ，というメッセージを与えてしまいます。ただでさえ大変なラインにとっては，具体的な方法論は教えてくれず，プレッシャーだけ与えられる結果になることが多いようです。喫煙指導などで明らかですが，「これをしないとこうなる」という恐怖系の啓発は，本人たちが無意識のうちにその情報を忘れようとしがちで，案外効果がないのです。

３つ目のケースは，例えばパワハラ予防のために，法律などの教育をするケースです。これも２つ目と同じで，ラインにはプレッシャーとして感じられるし，実際パワハラをしている人は，すでに感情・疲労の第２・３段階になっており，わかっていてもコントロールできない状態です。そういう方は，脅されたと感じ，企業に反感を持ちがちです。一方で，実際のパワハラ行動をコントロールするための何らかの具体的行動については教えてはもらえないものです。

より有効な啓発教育にするには

それでも，啓発教育がゼロだったころに比べて格段の進歩です。ただ，できればもう一歩進めて，個別ケアを充実させるための啓発教育，つまり，言い出せる知識の付与の教育を充実したいものです。まずは，もう一度目的，ターゲットを明確にしましょう。

商品を売ろうとするとき広告を出しますが，ただ社名を一般に知ってもらうだけでいい段階なのか，実際の購買に結びつける，つまり行動変容に至るための情報提供なのか，などによって情報の内容もタイミングも変わってくるはずです。もし行動変容を狙うのであれば，どのような人に，どのような行動変容をもたらしたいのか，目標分析をきちんとしていないと，多大な広告費を打ってもなかなか商品が売れないという事態に陥りがちです。

そう考えると，「ストレスを減らすため」の情報は，実は世の中に結構ありふれているのです。新たな視点を持とう，意識を高めよう系のコーチング教育は，第１段階にいる元気な人のストレスを少なくし，やる気を振起するためのものです。もちろん会社として必要な教育ではありますが，メンタルヘルスの視点では，最も重要なことではありません。どんなにやる気があり元気でも，がんになることがあるように，メンタル不調になることを完全に予防はできないのです。より元気になるための教育は，メンタルヘルスでなくビジネス系の教育部門で実施すればいいと思います。ただ，もしその企業が業務第一主義で，その価値観に染まっているメンバーに，少しでもメンタルケアに意識を向けてもらうための「導入」という目的がきちんとしていれば，彼らがとっつきやすい「視点を変える」心理学系の教育でもいいでしょう。会社名を変更した会社が，商品ではなくまず会社名をCMするのと同じように，今の相手の状況に合わせた情報提供になっています。

しかし，もしメンタルヘルス業務のコアである個人支援の「言い出せる知識」を教育したければ，主なターゲットは，いま苦しんで相談しようかと悩んでいる第２・３段階の人です。合わせて第１段階の人には，リアルな事例を紹介しつつ，自分がもし不調になった場合の予備知識と，不調な人への支援スキルを伝えたいものです。

いつ何を誰にどう伝えるか

次に重要なのが，教育の時間，時期と回数です。まずは，疲労の３段階などの，理屈を伝える教育は，１年に一度１時間ぐらい計画するべきです。

言い出せる知識の付与のための啓発教育だ，ときちんと目標を確立できれば，教育の内容や時期，対象者も決まってきます。まずは例えば，疲労の３段階と対処法を，毎年，全員に，少し事例などを変えて新鮮味を加えながら継続的に実施するといいでしょう。よく一般従業員と管理者や専門家は別の内容，と考えられていますが，それは「管理者が不調を見つけ対処する」という流れの発想です。しかしこれまで何度か指摘しているように，管理職層といえども従業員の一人です。それどころか一般従業員とは比べ物にならないストレスにさらされて日々を過ごしている方も多いのです。そこに更なるプレッシャーを与えたくありません。

また産業保健スタッフの教育については，専門家がさらに深い心理学・医学的知識を得るための教育を考えがちです。確かに重要な内容ですがそれは個人の努力にお任せし，企業としては，メンタルヘルス施策の共通軸となる考え方（疲労の３段階など）を理解してもらうことの時間にする方が有効です。疲労の３段階を全員が共有することで，言い出しやすさ，発見のしやすさ，対応のしやすさが改善されるのです。ですから，全体の共通認識（共通言語のようなもの）が出来上がるまでのおそらく数年は，全員同じ内容の教育でいいのです。

下園が自衛隊で教育していたとき，隊長などの幹部は教育に出ないことが多かったのですが，受講所見には，「ぜひ，同じ内容を隊長にも教育してください」と書かれることが多かったものです。言い出せる雰囲気を作るためには，全員が同じ基礎認識を持つ必要がある，ということを，忘れないでほしいのです。同じテーマは飽きるからと，年に１回，話題性のあるメンタル系の講演でお茶を濁すのは，「いいお話だった」というエンタメにはなっても，個別ケアのための知識教育にはなりにくいのです。

言い出せる知識は，防災訓練や心肺蘇生の教育と似ています。それらは，面白くなくても毎年行っていれば，いざというときに役に立つものです。毎回同じものでは確かに飽きるので，同じ内容を手を変え品を変え，見せ方を工夫して伝えていくのが，啓発につながるのです。また，最近では企業内SNSなどに動画を挙げて啓発教育をするケースもあります。企業内用として作成されたものでなくても，有用な動画などを上手に活用するとよいでしょう。ただ，人は一度見た啓発系の動画はあまり見返さないものです。時期を指定して，動画を見た後に，簡単なテストをしたり，ディスカッションをしたり，昇級試験のときの口頭試問などの内容に組み込んだりすると，定着が図りやすいと思います。また，社員からの自由なコメントなどが付けられるようにしておくと，関心も高まりやすいようです。

徐々に対象とバリエーションを広げる

さらに，第1段階の方を念頭に置くと，身近な不調者をどう助けていくかというスキル教育も重要であり，ニーズもあります。「こうすれば自分でも力になれる」と実感できるようなスキルトレーニングが実施できると，参加者も自分のスキル向上を実感し，さらに興味も湧くものです。具体的にはMC3を使って人間関係ストレスを予防するスキルと，メンタル不調者への面接スキル，復職者への支援スキルをトレーニングするとよいでしょう。これは，実習が含まれるので，できれば半年に一度ほど，2時間から半日ぐらいの時間をとって行うとよいと思います。これも管理者だけでなく全員が知っておくべき知識・スキルです。

そのほかには，現代社会のストレスについての知識教育も有効です。現代社会は価値観が多様化し，ほかの人がどのような生活をし，どのような苦しみをもっているのかが，あまり想像できなくなっています。社内で助け合いをするにも，その人の苦しみが想像できないと，声をかけようもありません。例えば，介護の大変さ，30代40代クライシス，ワーキングママの大変さ，コロナうつ，引きこもり，LGBTQ＋，発達障害，震災などの大変さ，がんを抱えての勤務，障害者の勤務の大変さ，などについての情報提供も有効です。これらはもちろん一般社会に多くの情報がありますが，いずれにしてもその企業がこのテーマを取り上げて啓発しようとしているという行為が，「きちんと関心と配慮を持ってくれている」というメッセージとして伝わっていきます。

回数とタイミングで浸透度が決まる

啓発教育はどうしても，指針に示されたことは実行しました，という形式的なものになってしまいがちですが，真に啓発につながるようにするには，情報提供のタイミングと回数が重要になります。例えば，お年寄りの詐欺被害を予防するため，お年寄りがよく見るテレビという媒体で，夕方の食事の支度前に，毎日５分ほど，詐欺被害の啓発のコーナーが設けられています。理屈の話ではなく毎回事例で紹介してくれています。

第１段階の人には，理屈が入りやすいのですが，第２・３段階の人は感情が優先になっているので，理屈より，具体的イメージや回数，時間，雰囲気のほうが強く印象に残り，行動に移すきっかけになります。

ですから，例えば，社長などが直接，メンタル不調者の人事について語ったり，高ストレスが予測あるいは察知されたときに，臨時に短時間のブリーフィングをしたり，朝礼などで，相談を勧めたり，相談によりうまく対処できた事例を紹介したりするなど,「言い出せる雰囲気づくり，きっかけづくり」と合わせた啓発教育を進めたいものです。回数は多ければ多いほどいいのです。長時間のものより短時間のものをとにかく回数を多く，と意識するといいでしょう。

事例での啓発が有効

第２・３段階をターゲットとした場合，事例での紹介が極めて有効です。本書でも事例を多数紹介していますが，単に文章だけで伝えるより，事例で伝えた方が圧倒的に効果があります。

- メンタル不調の兆候
- メンタル不調のメカニズム
- 蓄積疲労を予防するための休養の取り方
- 相談の仕方（どんなとき，誰に，何を目指し，どう相談するか）
- メンタル不調の人をサポートしてうまく対応できた事例
- メンタル不調の人が，復職してまた活躍している事例

などを,その企業のリアルなケースとして（匿名で本人が承諾すれば実名で）動画，あるいは文章，漫画などで紹介すると，知識としても普及しやすいし，雰囲気づくりにもつながります。もちろん，一般的なメンタル不調だけでなく，パワハラ・セクハラ予防などにも応用できます。さらにメンタルヘルスについてのトップの考え方や，実務者，カウンセラー，産業医のインタビューなどの短い動画を作成し，アップするのも有効です。

相談するのが怖いと感じているメンタル不調者は，支援してくれる人がどんな人かがわかると，少し安心して相談できる部分があります。その観点か

らすると，メンタルヘルス啓発のための教育は，できれば，部外の専門家のありがたい話を聞くより，部内のメンタルヘルススタッフが行った方がいいのです。悩みを持った人は，専門的知識があり，かつ親しみやすい人に相談したいものです。できれば，よく知っている人ならなお安心です。メンタルヘルス啓発教育は，メンタルヘルススタッフが，自分の専門性と人柄を知ってもらうまたとない機会です。ぜひ，活用したいものです。

啓発教育というと，どうしても専門的な知識を伝えることだと考えがちですが，一番啓発につながるのは，「相談業務の成功実績」とそのアナウンスです。相撲の力士が不調のとき，いろいろな指導より，勝星が一番の薬と言われます。知識やデータより強いのは，「相談してよかった」というクライアントの生の声，「メンタルヘルス支援があって助かった」という上司，家族の声なのです。それらを上手に伝えていきたいものです。

援助のミニサイクルの仕組みを作りたい

啓発教育により３段階の疲労蓄積モデルが社内共通語になれば，こんな対話が生まれます。同僚間で実際に起こっている会話の一例です。

J「おい，何だか最近浮かない顔してるけど，疲労の第２段階なんじゃないの？」
K「うーん，最近残業が続いているからなぁ」
J「そうか，そりゃきついなぁ。何か手伝えることないか？」
K「ありがとう，気持ちだけ受け取っておくよ」
J「まぁ，そう言うなよ。今週の金曜日に有給休暇をとって３日間，おうち入院でもしたらどうだ？」
K「うーん，でも金曜日までに仕上げないといけないレポートがあるからなぁ」
J「あのレポートだろ。それなら俺もある程度わかるから，サポートするよ。木曜日までに完成させよう」

疲労の３段階が共通言語になることで，現状を数字で表現することができ，その対処法まで具体的に話し合われるようなことが起きます。言い出せる知識⇒言い出せる雰囲気ができれば，言い出せるきっかけ（今回は同僚の声かけ）によって，行動が生まれます。

メンタルヘルス実務者が，すべての個人ケアに携わるのは，企業の規模が大きくなるほど難しくなります。できれば，こうした対話がメンタルヘルス実務者が関与しないところで，自然発生的に起きるようになる仕組みづくりをしたいものです。いまが忙しいと感じているメンタルヘルス実務者ほど，ぜひ実施していただきたいのです。

この３段階の疲労蓄積モデルについては，You Tube でも見ることができます。教育研修の場で受講者に見てもらったり，企業内のイントラネットで配信したりすることも有効でしょう。できれば，トップ層にもこのモデルを理解してもらえれば，何かの報告や相談をするときに，とても役立つでしょう。

（参考）
疲労の３段階（メンタルレスキュー協会）（https://www.youtube.com/watch?v=bVOJx_MqMi8）

教育の評価

メンタルヘルスの講演などを行ったときに，あまりその結果を丁寧に分析しすぎる必要はありません。もし，相当な余裕があるのならやってもいいのですが，先に触れたようにメンタルヘルスケアのコアは，個人支援です。啓発は，一度での効果を期待するものではなく，数を重ねるごとに雰囲気を作り上げていくものです。

会社の売り上げを伸ばすときのやり方と，自分の生き方（メンタルヘルス）を考えるときのアプローチは違います。売り上げのためなら，やや強制的に社員の意識に働きかけるでしょう。しかし，個人の生き方は自由です。そこに会社があまりにも強く働きかけても，個人はそれに抵抗するだけです。選挙の投票率も，個人の生き方を反映するので，日本では，それほど高くはありません。個人には個人の価値観や都合があるからです。極端なことを言うと，個人には，メンタルヘルスに関する情報を受け取らない自由もあるのです。今メンタルヘルスに関心がない人もたくさんいるし，自分の価値観やや

表3　啓発教育の一例

メンタルヘルスセルフケア研修　　全従業員対象
●サブタイトル例：「あなたの疲れは，疲労の何段階？」
●テーマ1～3：なぜ人はメンタル不調になるのか～蓄積疲労の3段階説～ グループワーク：「疲れ」をテーマにフリーディスカッション 自分は，上司は，同僚は，部下は今疲労の何段階？
●テーマ1～3：メンタル不調にならないストレスコーピング教えます
●テーマ1～3：相談窓口の紹介
●所要時間　30分～60分でアレンジ可能

メンタルヘルスラインケア研修　　管理職層対象
●サブタイトル例：「メンタル不調者を出さないためにあなたにできること」
●テーマ1～3：なぜ人はメンタル不調になるのか～蓄積疲労の3段階説～ ※セルフケア研修と同じ，グループワークなし
●テーマ1～3：疲労と怒りについて～パワハラ予防～
●テーマ1～3：早期発見早期対処，休職の実務のコツ
●所要時間　30分～60分でアレンジ可能

り方で自分なりのメンタルヘルスケアをしている人もいます。会社が提供した教育にネガティブな反応があったとしても，それの内容を精査し，対応しようとしなくてもいいのです。

とはいえ，関心が持てるような教育になるよう努力する必要はあります。漠然と「ためになりましたか」というアンケートをすると想定するなら，せめて80％の人が，ポジティブな回答をするぐらいの質は担保しておきたいと思います。

特に重視するべき啓発教育内容

メンタルヘルス研修のメニューは,「指針」や中央労働災害防止協会（略称：中災防）のホームページに関連書籍がたくさん出ているので参考にするといいでしょう。一例を表3・表4に紹介します。またMC3については，巻末（p.230）に参考図書等を掲載しておきました。

ここでは特に重視するべき研修項目として，コミュニケーションスキルと価値観の修正について説明します。

表４　管理職に対するコミュニケーション啓発教育の一例

コミュニケーション研修　　　対象：どの層でも
●サブタイトル例：「部下が突然メンタル不調の診断書をもってきた！」
●講義：悩みを構成する３つの層 事例検討⇒入社１年目の社員がボーナス一律支給で不満を言ってきたときの対応
●動画視聴：初めてクレーム対応で外出した新入社員と上司の会話 悩みの１層と２層の違いについてグループワークでディスカッション ※事前に自社にあった事例で２種類動画をつくっておく
●講義＋トレーニング：MC3 で広がるコミュニケーション＋５ステップトレーニング
●ロールプレイング：上司役（受講者），部下役（研修スタッフ），指導者（メンタルヘルス実務者） 「診断書をもってくる前に相談に来てくれる人間関係を構築しよう」 ケース：最近，お客様トラブルを起こして上司（あなた）にフォローしてもらってから元気がないので声をかけたというシチュエーション（p.171 事例）で 15 分会話 ※１人５分の３人のリレー形式（前の人の話を引継いで続ける） ※１人終了ごとに指導者が５ステップや要約・質問などについてフィードバック
●所要時間　90 分※スタッフ数（指導者役を５人に１人ぐらいで配置できると効果的）

コミュニケーションスキル

メンタルヘルス実務者が身につけるべきスキルとして MC3 を紹介してきましたが，MC3 を従業員が身につけると，人間関係によるストレスの発生を予防できますし，誰かが感情・疲労の第２段階になったときも上手に助け合うことができます。企業でメンタルヘルスに取り組む際の長所は，助け合える可能性があるということです。自分のため，そして従業員同士，さらには家族や友人のためにも，ぜひ，啓発教育の中に MC3 を組み込んでいただきたいと思います。

その場合も，できるだけ事例（ロールプレイ）の形で考察したり練習してもらうとよいでしょう。トレーニングに使えそうな事例を紹介しておきます。

ラインによる日ごろの指導事例①

家具販売店に勤務するＴさん（23 歳）は，店舗でまずバックヤードでの入荷処理業務を経験した後，売場での接客販売業務の担当になりました。そんなある日，自分が販売したキッチンボードにキズがあるとお客様からクレームが入りました。本来であれば，お客様のクレーム対応はある程度経験を積んだ社員が行うことになっていますが，その日は生憎，お客様対応が重なり，店長からＴさんが社有車を使って一人で行くように命じられました。店長からは，お客様宅に行ったらまずお詫びをして，キッチンボードのキズの場所，程度を写真に撮ってくること，お客様のご希望を聞いて戻ってくるようにと指示を受けました。

初めてのお客様宅への外出，しかも一人で。そして実は何よりも社有車の運転は初めてで，それが心配です。大学を卒業してから車の運転は，数回しただけでした。店長にも運転のことは日ごろから言っていたのですが，今回はそれでも「大丈夫だ」と笑顔で肩をたたかれて送り出されてしまいました。数時間後，そんなＴさんが店舗に戻ってきました。

Ｔ：店長，ただいま戻りました。

店長：ああ，お疲れ様。どうだった？

Ｔ：いやぁ，かなり冷や冷やものでしたけれど，何とか事故もなく戻ってきました。

店長：おお，それは何よりだったね。それで，お客様はどうだった。

Ｔ：はい，確かにキッチンボードの扉にキズはあったんですけど（撮ってきた写真を店長に見せる）。

店長：ん？　どこにキズがあるの？

Ｔ：（写真を拡大して）ここです。私なんかお客様に言われるまでキズがどこにあるか，わからないくらい小さいものでした。

店長：そうだね，で，お客様は何とおっしゃってたのかな？

Ｔ：それがよくわからないんです。とにかくとても怒ってまして……。

店長：そうかぁ，Ｔさんは「これくらいのキズ」と思うかもしれないけど，世の中にはいろいろなお客様がいるからね。経験上こういうお客様は商品交換しないと収まらないんだよ。交換品の在庫確認と納期を調べてください。それがわかったら別の担当者からお客様に連絡させるから。

Ｔ：はい，わかりました……。

店長：うん，お疲れ様でした。また，緊急なことがあったら外出してもらうからね。

Ｔ：はい……。

いかがでしょう。店長とＴさんの会話。店長は初めての外出で緊張していたＴさんに配慮している発言もありますし，自身の経験から問題の対応を教育的に指導している様子がうかがわれます。これはこれで問題はないと思いますし，忙しいビジネスの現場ではよく見られる光景です。

しかし，受講者にはさらに良質のコミュニケーションにならないかをチャレンジしてみてほしいのです。

〈チャレンジ例〉

Ｔ：店長，ただいま戻りました。

店長：ああ，お疲れ様。車の運転は大丈夫だったかい？（本人的に一番不安だったことを最初の話題にする）

Ｔ：いやぁ，かなり冷や冷やものでしたけれど，何とか事故もなく戻ってきました。

店長：それは良かった。運転もそうだけど，車庫入れとか大丈夫だった？　駐車場はすぐ見つかった？

Ｔ：それがお客様の家の近くの有料駐車場が満車で他に探すのに時間がかかって，約束の時間に遅れそうになったのでかなり焦りました。

店長：そうだったんだ。それで，駐車場は見つかったの？

Ｔ：はい，ラッキーなことに探しているうちに，満車だったところが空いて入れることができました。

店長：そりゃよかった。車庫入れはどうだった？　久しぶりだと難しいでしょ。

Ｔ：それが自分でも驚くくらいスムーズにできました。

店長：はは，さすがだね。でも，時間を気にして運転すると事故の原因にもなりかねないからね。遅れそうになったら，車を停めて，お客様に遅れることを連絡するようにね。

Ｔ：そうですね。次回から注意します。

店長：それで，お客様はどうだった。

Ｔ：はい，確かにキッチンボードの扉にキズはあったんですけど（撮ってきた写真を店長に見せる）。

店長：ん？　どこにキズがあるの？

T：(写真を拡大して）ここです。私なんかお客様に言われるまでキズがどこにあるか，わからないくらい小さいものでした。

店長：そうだね，で，お客様は何とおっしゃってたのかな？

T：それがよくわからないんです。とにかくとても怒ってまして……。

店長：そうかお客様怒ってたんだ。具体的にはどういうふうに怒ってたの？（体験を聞く）

T：キズものを売っているのか？　と言っていました。

店長：キズものかぁ，それで何と答えたの？

T：いえ，そんなつもりはございませんと言いましたが，なかなか納得していただけず……。

店長：うんうん，それで？

T：お詫びするしかありませんでした。

店長：そうかぁ，だよなぁ，お詫びするしかないもんな。お客様からこんなにきつくお叱りを受けるのは初めてだよな。きつかっただろう。

T：はい，きつかったですけど，会社の代表として行ってますので……。

店長：そうだね。Tさんは会社を代表してお叱りを受けてくれたんだよな。それで，その後はどうなった？

T：何回かお詫びしていたら，だんだん落ち着いてきたような気がしたので，写真を撮らせていただいて，戻り次第対応について連絡させていただきます，と言って戻ってきました。

店長：そうかぁ，状況はわかりました。世の中にはいろいろなお客様がいるからね。経験上，こういうお客様は商品交換しないと収まらないからね。交換品の在庫確認と納期を調べてください。それがわかったら別の担当者からお客様に連絡させるから。

T：はい，わかりました。でも店長，その連絡私からさせてもらえないでしょうか？

店長：？

T：こういう対応は初めてなので，できれば自分で最後まで対応したいなと……。

店長：そうだね。やってみようか。納期の確認ができたらここに来て，ここからお客様に連絡しましょう。私は隣で聞いていて何かあったらサポートするから。
Ｔ：はい。ありがとうございます。

〈解説〉

すでにおわかりとは思いますが，店長は久しぶりの車の運転，初めての外出，お客様のクレーム対応をしてきたＴさんの心情に対してアプローチしていることがわかります。

【不安な気持ちへのケア①　具体的に体験を聞く】
運転に対する不安にとどまらないで，一般的に想定できる車庫入れの難しさについても聞くことで，駐車場探しに苦労した話がでてきました。駐車場探しの様子を具体的に聞いて，あたかもそのときのことを一緒に再体験しているような状況をつくります。結果的に前半にはなかった，「お客様宅に遅れそうなときの対応」について教育することもできています。
【不安な気持ちへのケア②】
お客様にお叱りを受ける経験は店長であれば何回も経験していることなので，Ｔさんが受けたお叱りも容易に想像することができますが，それでわかった気にならずに，Ｔさんはどんなお叱りを受けたのか？　それに対してどんな返答をしたのかを具体的に聞きます。

このようなアプローチをすることで店長とＴさんの関係性がより一層深まっていくものです。問題（お客様のクレーム）に対する対処（解決案）は何も変わっていません。でも，相手のつらい感情を意識したコミュニケーションをすることで，上司と部下の関係性の強化ができます。部下との関係性が深まるとさまざまな利点が生まれます。
・部下が安心して相談してくれる（ネガティブ情報も早めにキャッチできる）
・部下のできているところ，できていないところがはっきりするので指導のポイントが明確になる
・こちらが困ったときに多少の無理なら聞いてくれる（進んでやってくれる）

・部下の積極的な意欲がわく
・上司も部下への信頼が増え，指導監視のエネルギーを節約でき，よりピンポイントの指導に集中できる。

生産性を向上させることは会社の重要な目標の一つです。そのために新しいシステムや制度を導入したり，無駄を削ることがよく行われます。一方で，見えにくい部分ではありますが，このように従業員同士が良い人間関係でいることで，より仕事に集中できますし，成長もできます。

ラインによる日ごろの指導事例②

先の事例で頑張っていたＴさん，あれから１年がたって後輩も配属になりました。お店の実務担当者として店長も順調に成長してきていると思っていましたが，お客様とトラブルを起こしてしまいました。お客様はかなりご立腹の様子だったので店長が対応を変わり，事なきを得たのでした。

店長は時間をとって個人面談をすることにしました。

店長：Ｔさん，お疲れ様。ちょっと時間あるかな。話があるんだ。

Ｔ：はい，今回はお客様とトラブルを起こしてすいませんでした。店長がでることになってしまって……。

店長：まぁ，そういうときに店長がいるので，そこはあまり気にしないでほしいんだけど，今回，お客様とどんなやり取りがあったか教えてくれるかい？

Ｔ：はい，私が家具を販売したお客様だったのですが，配達日でどうしても折り合いがつかず，トラブってしまいました。

店長：うん，配達日の問題だったね。販売した時点で決めた配達日をお客様が変更してほしいと言ってきたんだよね。それは，いつ？

Ｔ：はい，今日の午前中電話がありました。配達日は明日で既に決まっていたのに，翌日に変更してほしいと言ってきたんです。配送センターだって急に変更はできないに決まっています。

店長：午前中の電話だったんだね，それでお客様には何と言ったのかな？

Ｔ：はい，前日の連絡で次の日に変更するのは難しいので，いつなら変更できるか，配送センターに確認してから折り返し連絡しますとお伝えしました。

店長：うん，いつ配達できるか折り返し電話するとお伝えしたんだね。そうしたら？

Ｔ：お客様が急に怒り出して……。「お前ら商売する気あるのか！」と言われました。

店長：おお，それは強烈なこと言われたなぁ。そんなこと言われたのは初めてかい？

Ｔ：はい，これまでの人生で直接，そんな言葉で非難されたのは初めてで……。

店長：そうかい。それはショックだったね。それでその後はどうした？

Ｔ：何度も説明しましたけどご納得いただけず，それで「店長に変われと」言われて店長にお願いすることになりました。

店長：うんうん，そういう経緯があったんだね。こういう場合のコツなんだけど，できないな，と思ってもすぐに回答しないで，配送センターに確認してみます，といってダメ元で確認してから折り返すといいんだよ。どう？　できるかな？

Ｔ：はぁ，でも前日の配送変更はムリなので，結果は同じだと思います。

店長：そう，結果は同じでもお客様からみれば，自分の要請に対してＴさんが何か対応してくれているという印象を与えることが大事なんだよ。

Ｔ：そんなわかりきったことを，どうしてやらないといけないのかわかりません。

ここまでやりとりをした店長は，Ｔさんがいつものことではないことに気づきました。これまでのＴさんであれば，この程度のわかりきったアドバイスであれば，すぐに聞き入れるはずでした。さて，この段階で店長はＴさんの状態をどうとらえ，そして，それに応じてどう対応を変化させていくでしょう。受講者に考えてもらい，ロールプレイにもチャレンジしてみてもらいます。

〈チャレンジ例〉

店長：そうか，私の伝え方が，うまくないみたいだね。ただ，今話していて気づいたんだけど，何かＴさんがいつもと違ってイライラしているような気がしたんだけど，何かお客様以外でも困っていることあるの？

T：いえ，特に困っているということはありません。私が未熟なのです。

店長：Tさんが未熟？　そんなことはないよ。入社１年後の社員としては優秀な方だと私は思っているよ。

T：そんなことはありません。先月，入社１年後のフォローアップ研修に行ってきましたけど，同期のみんなはとても優秀で僕なんか……。

店長：研修で何かあったのかい。

T：みんなすっごく頑張っていて，仕事以外でも通信教育を受けていたり，休日に語学研修をやっていたりしているのです。これじゃ取り残されると思って自分も始めたのですが……。

店長：へぇ，同期に触発されて，Tさんも自己啓発を始めたんだね。何を始めたの？

T：社会保険労務士の資格をとるための通信教育を始めました。

店長：そりゃすごいな。いったいいつ勉強しているの？

T：仕事が終わってから２～３時間毎日やってました。

店長：え！　仕事終わってから？　それだと睡眠時間かなり削られるだろうに。

T：睡眠時間はちゃんと確保するようにしているのですが，布団に入ってから頭がさえて眠れないんです。睡眠不足だと勉強しても効率が悪いので最近は勉強しないで寝る日もあるのですが，それでも眠れないんです。何だか気持ちばっかり焦ってしまって……。

店長：そうかい，夜勉強しているのが睡眠不足の原因かと思って，いったん中断したけれど眠れない日が続いているんだね。そりゃ，つらいなぁ。眠れなくなってきてからどれくらいになるのかな？

T：３週間くらいでしょうか。

店長：そんなに！　そんな中でも仕事は頑張ってやってくれたんだね。ご飯はちゃんと食べられてる？

T：あんまり食べてません。お昼休憩のときはお菓子みたいなもので済ませています。

店長：そうか，食欲もあまりないのか。Tさんは今，睡眠不足が原因で疲れがとれずエネルギーがかなり落ちている状況なんだと思うんだけど，どう？

Ｔ：そうかもしれないです。

店長：うん，ちょっと心配なので，会社のメンタルヘルス実務者の○○さんと話してみないかい。不安なら私も同席しても構わないよ。Ｔさんが自己啓発しようとする気持ちは大切にしたいけど，まずは身体を元にもどしてからにしようよ。

Ｔ：はい，お願いします。

〈解説〉

店長はＴさんの状態が，蓄積疲労の第２・３段階であるかもしれないという見立てをし，より，５ステップ，要約，質問などを使いながらうつの症状を確認して，Ｔさんが受け入れられる範囲でアドバイスをしました。「味方」の関係をつくれたからうまくいったケースです。

このような良好なコミュニケーションは企業全体としてもメンタル不調者の削減によるパフォーマンスの向上に，大きな影響を与えるでしょう。アブセンティーイズム（休業欠勤）に対して，出勤しているけれど心身の不調でパフォーマンスが落ちている状態のことを，プレゼンティーイズム（疾病出勤）と呼び今，注目を集めています。

ラインの段階で，早期に従業員の不調を発見し，それをまずメンタルヘルス実務者につなげられると，ラインも楽になりますし，不調者もつらい時期を長引かせずに済みます。

価値観の修正に資する内容

長期的に見て企業におけるメンタルヘルス充実の一番の肝は，企業が持つ価値観（組織文化のようなもの）の修正です。

例えば，

- 若者は苦労して当たり前（若い頃の苦労は買ってでもしろ）
- 部下が我慢するのは当然（嫌なら頑張って出世しろ）
- 女性は男性に従うべき
- 年長者より遅く帰るべき（仕事を見つけろ）
- 個人より会社を優先するべき（家庭や趣味に現を抜かすな）
- 休むことは他人に迷惑をかける行為

- ●教えてもらうのではなく盗め
- ●自分の事は自分で完結しろ，他人を頼るな
- ●弱音を吐くな
- ●常に言行一致であるべき
- ●従業者は，企業の意向に沿うべき
- ●仕事を優先し，親の死に目にも会えないのが一流の仕事人

などの価値観，文化が強いと，知識教育を何回やっても，メンタルヘルスの実は上がりにくいものです。

本書冒頭で記したように，時代は大きく変動しつつあります。メンタルヘルスの重要性を十分に意識できていない企業は，労働者から選択されませんし，世間からもバッシングを浴びてしまい，企業存続さえ危うくなる時代なのです。

ところが，上のような価値観を背景に，毎日を一生懸命過ごして頑張っている人ほど，昨今のニュース（例えば2023年であれば，ジャニーズ，宝塚，陸上自衛隊のセクハラ問題）などにも疎く，自分の価値観を修正する機会を持てていない場合があるのです。単に，こうするべき，とかこう考えるべきという正解を教えてもらっても，価値観はなかなか変化しません。ぜひ，「自分たちの企業でこれらのテーマで問題が顕在化した」という想定事例をもとに，真剣に「討議」してみてほしいのです。

身近な事例でとなると，感情が動き出します。感情の言語を刺激するからです。身近な事例は「距離」が近く「イメージ」が湧きやすいのです。さらにそのテーマで「討議する」と，単なる抽象概念を一人で思索するのに比べ，他者が意見を言うことで，さらに「距離」「雰囲気」「時間」「体感」などが刺激されます。このように感情を動かさないと，価値観は変化しにくいのです。

その際，「当たり前」が崩壊していることを意識してもらうといいでしょう。「俺たちはみんなそれを乗り越えてきた，それが当たり前」という意見が出がちですが，確かに時代の中で，みんなやっていた，当たり前だった，ということもあるでしょう。ところが，今は違うのです。みんなが交通手段がなく1時間でも2時間でも歩くのが当たり前のときは，「1時間歩かされる」ことは，歩く苦痛はあるものの，耐えられるものです。ところがもし他の人は車で移動するのに，自分だけ1時間歩いて移動しろと言われたらどう

でしょう。歩く苦痛＋なぜ自分だけ？　という不公平感や不安，怒りが生じます。例えば，残業200時間を武勇伝のように語る50代がいるとしましょう。その時代は当たり前だったから，耐えられたのです。いまはそんな働き方をしている企業はブラック企業と呼ばれます。皆が長時間労働で当たり前のときは，同じことをしても耐えられた。今はもうその「当たり前」が崩れているので，昔当たり前だったことを前提に頑張れと言っても頑張れないのです。

また，ストレスの内容や強度も変化しているということにも気がつかなければなりません。「自分が小学校のときは，暑くても我慢したものだ」と小学校のクーラーの設置に反対した市議会議員がいましたが，40年前の7月の平均気温が，約24度だったのに対し，今は，約29度だという事実をきちんと認識していなかったのです。

ケース検討の章（第9章，p.221）でも紹介しますが，現代の30代，40代の人たちのストレスはかなり厳しいものがあります。部活動のように残業していた時代もそれはそれで大変だったかもしれませんが，いまの若者は，年配者が想像できないような別のストレスと戦っているのです。

このような価値観を修正していく議論では，表面上わかったふりをするのではなく，できるだけ本音のディスカッションをしたいものです。優等生の話し合いではなく，本音の議論のぶつけ合いをしなければ価値観は揺さぶられません。メンタルヘルス施策に対し，「忙しいのに配慮するなんてできない。会社がつぶれたらどうするんだ，弱い奴に合わせていては競争に勝ち残れない。そんな甘い態度では日本の未来が危ない」などの自分の根底に持っている意見を出し合ってもらうのです。

この価値観の議論は，みんなで話し合って何かを決めるというものではありません。個々人の心の中を揺さぶってみることが目的です。いろいろ意見を出し合って，結局どうすればいいのか，という結論めいたものが出ないと落ち着かないかもしれませんが，問題解決ではなく，価値観を修正する討議であることを理解してもらうことが重要です。そのような議論をした後，その議論を評価するようなアンケートを取る場合は，議論に不満が多い方が，各人が揺さぶられたことになるのです。

討議のテーマは，例えば次のようなものがよいでしょう。

- 長時間労働
- 育児休業
- 発達障害者への指導
- 個人情報の保護
- どこまで個人のプライバシーにかかわるか
- 厳しい指導，パワハラ，セクハラ
- 副業について

このような議論を通じて，それぞれの人の価値観が次第に緩んでいくことを目指しますが，価値観は急には変わらないものです。人事は遅効性，継続性。とにかく続けていく必要があります。そのためには，「少しでもいい方向に変化があるのなら大歓迎」という低い期待値で進めていくといいでしょう。

具体的には，ある程度の妥協点を提示すると多くの人がこの種の議論を受け入れやすくなります。私たちがよく提案する妥協点は，「厳しい信念は，自分自身の生きる指針としてならOK。しかし世の中が変わってきた。かといって自分を心底変えることはできない（OK）。折り合いは，『自分は○○が好き。しかし現場に合わせる社会常識はある』」というものです。

トップ，上司を動かすには（上への説明スキル）

リーダーや上司に理解を進めてもらう必要性

メンタルヘルスは，元気な人にとっては，はっきり言って「自分には関係ない，余分な仕事」の認識があるものです。ですから，「メンタルヘルスを進めます」と正面から業務を進めようとしても，いろいろな場面で暗黙の抵抗にあいがちです。それをできるだけ小さくするのが，トップからの指示です。日本人は上からの指示に忠実です。トップが明確に「メンタルヘルスを重視する」というメッセージを出せば，施策も動き出しますし，それによって次第に企業風土も，個人の価値観も変わってくるのです。

ただ，そのためには，リーダーに本書でお伝えしているメンタルヘルスの重要性，リスク，方法論などをきちんとメンタルヘルス実務者が伝えていく必要があります。トップに情報提供していく狙いは3つあります。

会社のメンタルヘルス施策方針決定のため

第６章では，メンタルヘルスの計画づくりについて解説しましたが，本来，メンタルヘルスは本業のサポート機能であり，また，メンタルヘルスの運営自体にも，企業のトップの意志が反映されるべきものです。例えばメンタル不調の人を復職させようとする際，単純にメンタルヘルスだけの視点からだと，「復職できるようにきちんとケアする」という目標しかたちませんが，企業のため，という側面を重視するなら，「他の人の足を引っ張るようなら，辞めてもらっていい。その分，どんどん募集する」という目標もありうるのです。

当然，メンタルヘルスにかかわる大きな指針，目標の第５章で触れたような「この企業ではどのような態度でメンタルヘルスに取り組むか」「具体的には，どのような効果を目指して，どの層のどんなストレスに対し，どんな体制で，どんな活動を進めるのか」についても，会社の業績・財政の問題，人材の問題，モチベ―ションの問題，会社の体裁……など企業運営の全体を考慮して，本来はトップリーダーが決めるべきものなのです。

しかし現実には，トップは忙しいし，メンタルヘルスについての知識も少ない。そこで，メンタルヘルス実務者が，現状，問題点，対策，その各案のメリット・デメリットなどを分析し，簡潔にプレゼンして，リーダーに決定してもらうのです。このとき，完全なメンタルヘルス施策を打つことはできません。リスクに完全に対応することなどできないのです。そして，その責任は，メンタルヘルス実務者でなくトップが負います。トップには，耳障りの良いことばかり伝えるのではなく，例えば，今の態勢でもしパワハラによって従業員の自殺が起こったら，どのようになるという現実（リスク）を伝えておく必要があります。そのリスクを抱えたうえで，メンタルヘルスの態勢や運営を決めてもらう，つまり，トップには，この段階で腹を決めてもらっておくことが重要です。

トップダウンで啓発，メッセージを発信してもらうため

先にも触れましたが，トップが明確なメッセージを出さないとメンタルヘルスは機能しにくい部分があります。ただ，トップもきちんと理解していないと，誤ったメッセージを出してしまうことがあるのです。また，メッセー

ジは，言葉で伝わるものもありますが，行動や施策によって，より強力に発信されます。

そこで，前で紹介した施策の計画・実施が持つメッセージ（p.159）をトップにきちんと理解しておいてもらう必要があります。例えば，介護する社員のストレスをケアする目的で，介護について調査する施策を考えたとしましょう。介護のための手当や休暇が付くかも……と，過剰に期待する人がいたり，逆に転勤などに応じられないので人事上不利に扱われるかも……と警戒する人もいます。そういうときは，発信力のあるトップが，施策の狙いをきちんと説明するとよいのです。

また，先に触れた価値観も，施策とトップの行動や発言によって変化しやすくなります。例えば，メンタルヘルスの相談を受けることや積極的に休暇を取ることを，「恥ずかしいものにするか，そうでないものにするか」は，トップ自身が，相談してみたり，休暇を取得したりすることで，だいぶ変わってきます（ちなみに，筆者の下園は自衛官の価値観を変えてもらうきっかけとして，大臣，政務官，陸上自衛隊のトップなどへカウンセリングを提供したことがあります。https://www.youtube.com/watch?v=HEoBgcQo-64，https://www.youtube.com/watch?v=VjnHu8G5KkE）。

また，休職などをしたときの人事の評価をどうするのかについても，明確に示すとともに，休職して復活した方をまた活躍できるポストに配置したりすると，従業員は安心してメンタルヘルスサービスを活用するようになります。

トラブルに対して適正対応をしてもらうため

現代社会で，トップや上司のメンタルヘルスに関する認識や知識が如実に表れ，かつ重大な影響を持ってしまう場面が，ハラスメントや自殺関連の対応のときです。

まず，トラブルが表面化したとき，そのトップが当事者と面会することがあります。感情の第３段階の当事者に対し，どうしても，いわゆる優秀なビジネスリーダーほど相手を教育（価値観の押しつけ）したくなる，あるいは理不尽なことを言っている相手に対して企業を守ろうとしてしまうのです。そういう態度は，結果的に相手を，より防衛的な態度にして，トラブルを大きくしてしまいます。

また，トラブルになったときほど，企業，そしてその企業を代表するトップに注目が集まります。従業員が自殺し，「悲しい」と発言したのに，その翌日には当初から予定していたという「花見の会」で冗談を言い談笑している様子を見た遺族が怒り，マスコミにいじめとして告発することを決意したというようなケースもあります。

上司・リーダーに提案する技術

企業の中のメンタルヘルスであることをきちんと理解する

これから，トップや上司にメンタルヘルスの情報を提供し，適切に判断してもらうためのポイントをお伝えしますが，その前に押さえておきたいことがあります。それは，メンタルヘルス業務を熱心にやればやるほど，人としての正義感が大きくなり，メンタルヘルスのことだけを考えてしまう，つまり視野が狭くなることがあるのです。あくまでも，企業の中でのメンタルヘルス機能なのです。企業全体の動きをより潤滑，効率よくするための機能であり，メンタルヘルスの目的だけを重視し過ぎてはいけないのです。

メンタルヘルス業務を遂行するとき，バランサーの役割であるとお伝えしましたが，ここでもまたそのバランス感覚が重要になります。メンタルヘルス業務は自分の仕事なので，よく情報収集できますが，案外，企業全体の動きに疎くなってしまうものです。企業の関心ごとや動きの情報を得られるように，上層部や，企業の中心で動いている部署にコネクションを持っておくとよいでしょう。もし，上司・リーダーにメンタルヘルスの提案をして，それが通らなくても，自分の視点はあくまでもメンタルヘルスに限られたもので，トップや上司は，もっと大きな視点，情報，関心事項があることを謙虚に受け入れる必要があります。たとえ，施策は通らなくても，提案することが，情報提供であると認識し，いたずらに腐らないようにしましょう。

トップも上司も人間です。価値観を持っているので，そうすぐには変わるものではありません。もし，トップや上司が数年で代わるような人事システムなら，そのときまで，「現状維持」という目標で進めればいいのです。

長期的なメンタルヘルス施策を提案する場合

メンタルヘルスの組織やポリシー（目標）づくり，あるいは年間計画などの作成にあたり，トップや上司に説明・提案する場合は，もちろん厚生労働省の指針を基準に説明することもできますが，より関心を持ってもらうには，企業にとっての効果，会社の場合は会社の運営の視点から提案するといいでしょう。例えば，売り上げの向上，あるいは企業が今取り組もうとしている海外進出，優秀なエンジニアの確保……などに絡めたロジックを全面的に打ち出すのです。もし会社が従業員不足という問題を解決したいときなら，メンタルヘルスの充実が募集の有効な情報になることを指摘したり，あるいはメンタルヘルス不調者を早めにケアして再戦力化するための施策について提案するのです。また，世の中の動きを説明して，ハラスメント関係のリスクや法的義務を提示して，施策を提案してもいいでしょう。このような提案の場合，情報と分析力が大切です。大きなデータだけで勝負するのではなく，過去の事例をもとに具体的なリスクを紹介すると理解されやすくなります。論理にも感情にも訴えるのです。

これまでに本書で紹介してきたストレス見積もり，年間計画などが説明の論理的アプローチの基本ツール，プレゼンにおけるMC3（味方になる）と事例・比喩の提示が感情的アプローチの基本ツールです。新しい施策を提案する場合は，事前に関係各所に根回しをしておくとよいでしょう。メンタルヘルスはすべての業務にかかわるので，トップがGOを出してから，各所から不満や不平が噴出したり，業務に支障が出たりすると，メンタルヘルス実務者として信頼を失います。提案の前に，必要なら事前の会議を設定するとよいでしょう。この辺りは「仕事力」にかかわることです。もしあなたが医療・心理系の経験しかない場合，このような組織的な仕事の進め方については，直属の上司が担ってくれるなら心強いものです。

事案についての報告は，現状，問題点リスク，対処目標，実施計画などを端的に説明

トラブルが生じた場合，管理部門などが担当すると思いますが，当事者に対しての対応が，トラブルの炎上，鎮火に大きな影響を及ぼすことは先にも触れました。そこで，メンタル不調者の心理特性を知り，MC3に長けコミュ

表５　社内で自殺があった場合のリスク

ご遺体に対応した人，見た人のショック（惨事反応） ご遺族対応した人のショック 現場検証，事情聴取をされた人がショックで落ち込む 自分が自殺にかかわっていると自責で苦しむ人 困っている人を救えなかったと無力感を感じる人 その後に眠れない，などの反応が出て不安になっている人 落ち込みが続きうつっぽくなる人 特に親しい人や，もともとうつっぽい人が後を追いたくなる 自分も同じことをするかもしれないという不安 人はすぐ死んでしまうので，他者に何も言えなくなる その場所に，行けないという反応，出社できなくなる 集中力がなく，事故やミスが生じる みんながイライラして人間関係が崩れる 家族関係のトラブルが表面化して，仕事に影響する人も 情報がなくて，会社が何か隠しているという不信 会社の運営体制そのものへの批判 遺書に自分のことが書かれていたのでは……という不安 SNS 等で拡散され，会社の信用が低下 休職者，退職者が増える 遺族から訴えられる 労基署などからの厳しい指導を受ける ……

ニケーション能力のあるメンタルヘルス実務者がキーパーソンとしてかかわるとよいでしょう。

まず，トラブルの関係者の心理状況や意向などを聞き取ります。その後，この問題がメンタル不調者の心理特性を考えるとどのように発展しそうか，リスクを考察します。それを予防するための施策と，その効果を予測します。これをトップ，上司に説明し，事案対処の方針を決めてもらうと同時に，発言や施策のメッセージについてアドバイスするのです。

リスクを読むときには，感情，疲労の３段階の知識を活用するといいでしょう。しかし，経験がないとリスクを予測しにくい部分があるので，他企業で事案が生じた場合は，きちんと情報収集して，どのようなことがリスクになるのかメンタルヘルス実務者として分析しておくべきです。

例えば，社内で自殺があった場合のリスクを表５に挙げておきます。

コラム

惨事反応とは

悲惨な出来事があると，人は当初，パニックになったり，腰が抜けるなどの茫然自失状態になったり，現実味を感じられない感覚がマヒしたような状態になります。その後すぐ，回避，侵入，過覚醒という反応が出ます。

回避は，その出来事を思い出すことや場所，物を避ける行為です。話題も避けがちです。

侵入は，そうして避けているのに，イメージや記憶が意識に侵入してくる反応です。忘れられない，どうしても考えてしまう，などと表現されたりします。悪夢を見たり，フラッシュバックのようにその場に戻ってしまう感覚を持つこともあります。

過覚醒は，緊張や警戒が続いている状態です。眠れない，食べられないのほか，音やにおいに敏感，イライラが止まらない，などの症状があります。

回避，侵入，過覚醒と同時に，うつの 4 つの症状，自信の低下，自責の念，不安，疲労感（負担感）も表れます。中でも，自信の低下と自責の念が特徴的な苦しさです。当初のパニック，茫然自失，マヒ，回避，侵入，過覚醒の反応は，多くの人にとって初めての体験なので，自信の低下の視点から「自分が壊れてしまった」とうけとってしまい，とてもつらくなる人，不安が強くなる人が多いのです。自責の念は，サバイバーズギルト（生き残った人の罪悪感）と呼ばれ，多くの人がこの出来事に自分が関係している，自分のせいで出来事が起こり，悪化したと感じて苦しみます。

回避・侵入・過覚醒の症状は，時間とともに次第に治まるので，ファーストショックと呼んでいます。これに対し，うつの症状は，客観的な情報や助け合いがないとき，追加の過労があるときなど，時間とともに悪化していくことがあります。これをセカンドショックと呼んで，警戒してもらっています。

「従業員の本音情報」で勝負

トップ・上司に一般的な業務で情報提供するときは，市場データや製品の分析データなどを使うことが多いでしょう。メンタルヘルス業務でも，ついそのようなデータや世の中の動き，厚生労働省情報，他社の動向などで，説明しようとしがちです。もちろん，データが説得力を持つことも少なくありません。しかし，ネットで検索できるデータは一般的な企業や人を対象としており，その企業についてのものではありません。また，企業にアンケートを取ったり，心理テストをした場合のデータでも，数字になったものが，あまり現状を表現していない場合も少なくありません。例えば，先の自殺の事例でも，ケアを集中するべきは，元気な人ではなく，今回の自殺でショックを受けている第２・３段階の方です。その方々は，悲惨な出来事の後の心理特性である「解離」「マヒ」が生じて，アンケートには「つらくない」と答える場合もあるのです。

メンタルヘルス実務者が勝負できるのは，「**当事者の本音情報**」，生の声，生の反応，生の心情に関する情報です。例えば，総務部長が，９割の人が不調がないと答えたアンケート結果を受け，「みんな大丈夫なようだ」と受け取っていても，メンタルヘルス実務者が，

- ご遺体を見た方の中には，その日から眠れなくて，誰にも言えないが会社を辞め寮を出ることを考えています
- 以前患っていたうつ状態が悪化し，死にたい気持ちが強くなっている方がいます
- 会社が情報を隠していると強い不信感を持ち，いざとなったらSNSで発信しようと思っている人がいます

などの本音情報を提供すれば，意識がだいぶ変わることと思います。社内の本音情報だけでなく，事案が発生した場合は，家族・遺族などの本音も大切です。MC3のスキルを最大限活用してほしいものです。

また，施策の説明のときも，事案対応のときも，医学的な見地から産業医や部外の権威などのサポートを受けられれば，トップや上司の説得は極めて容易になります。そのためには，日ごろからメンタルヘルス部門内で良いチームワークを広げておく必要があります。

トップ・上司にメンタルヘルスの重要性を理解してもらうには

メンタルヘルス業務は目立ちにくいものです。相談を受けても，それをみ

だりに発表できないという守秘義務というモラルもあります。また，電気や水道と同じように，問題なく運営されていて「普通」。しかも，個別対応のために待ち受けをしている実務者が，暇にしている……という印象になることもあります。

そこで，メンタルヘルス実務者は，タイミングを見て，メンタルヘルス業務の活動状況と効果を積極的に上司・トップに訴えておくとよいのです。できれば，定期報告として情報提供したいものです。わかりやすいデータで全体像を示し，対処したことは具体例で捕捉し，できれば本業に活かせるような情報提供やメンタルヘルス向上のために，トップやリーダーが少しの努力でやれるような効果的な依頼をするのがコツです。例えば，忙しい部署への顔だしや，朝礼でのコメントなどを提案するといいでしょう。

定期報告の一例

定期報告は，その企業の大きさによっても変わります。ここでは，従業員100名ほどの中小企業で，一人でメンタルヘルス業務を担当している方が社長に定期報告をする場面を紹介します。

毎月，20分のメンタルヘルス定期報告の時間を設けてもらっています。

定期報告では，通常，次の内容を説明しています。総務部長にも同席してもらっています。

1. 社員のメンタルヘルス現状：社員が今どんなことにストレスを感じているか，どれほど疲れているか，また実施したメンタル施策の成果などを，データもしくは事例で報告します。
2. リスクと対策：会社の運営にかかわりそうなリスクとその対策（案）を説明し，指導をもらいます。
3. 事例報告：社長に知っておいてほしい事例について報告，指導をもらいます。
4. その他：本業にかかわる情報があれば，報告します。

〈報告例〉

メン実：まず全般です。先月から続いている応急出荷への対応で，残業が続いている社員もいますが，課長が上手に目標を説明しているためか，いまのところ皆さん元気そうです。もちろん残業時間も，全員，適正範囲内です。

ただ，慢性的に疲労の第 2 段階にいると感じる方は数名いるので，各課長さんと連携しつつ，声掛けはしていますが，こちらから面接を提案するほどではないと思っています。

社長：営業の W さんは，どうかな？　先月調子が悪いと聞いて，私もそれとなく顔色を見たのだけど，確かにあんまり調子良さそうじゃなかったけど。

メン実：W さんの件については，個別事例のところで報告します。

また，今月は，各部署を回りながら，来月に予定しているストレスチェックについての意義と注意事項を係長クラスまで説明してきました。また，製造 2 課は，先々月のヒヤリハットミスでみんなが少し委縮しているという課長の依頼で，参加できる課員 8 名に対し，ショックな後の心理状態（惨事後の回復とレジリエンス）について 20 分のミニ講義を実施しました。

総務：どんな反応でした。僕も注意処分の後の，製造 2 課の反応は気になっていて……。

メン実：眠れない，その道具を使えない，という心理反応が収まるには，少し時間がかかることを説明しましたが，そのことについてはみなさん，知らなかったようで，安心したようでした。しかし，台車のストッパーをかける，かけない，の問題については，まだ全員が納得しているわけではないようです。会社で明確にしてくれと言う声が結構ありました。

私は，ここはやはり社長が製造 2 課と一回ひざを突き合わせて，作業効率と安全管理をどう両立するかを，話し合う機会を持つことが，メンタル面では，皆さんの納得につながるのではないかと思いました。

社長：わかった。製造部長などと検討してみましょう。

メン実：次は，今月のメンタルヘルスリスクと施策ですが，応急出荷のピークは過ぎたものの，いわゆる「荷下ろし」（大きなイベントの後の落ち込み）と，夏の暑さのストレスが要注意だと思っています。暑さ対策は総務部が主体で例年通りやってくださるのですが，今年は荷下ろしが重なることから，課長クラスにも，特に，暑さと蓄積疲労のダメージが大きい年配の社員のメンタルヘルスの観察をお願いしておきました。

また，メンタルヘルスの年間計画業務としては，ストレスチェックと，中堅社員（30代・40代）社員とのグループ面談，およびミニ啓発教育を実施します。

社長：よろしくお願いします。

メン実：では個別の事例についてですが，Wさんと面接したところでは，個人的な悩みと義理のお母さんの介護疲れが原因で，第2段階。幸い希死念慮等はありません。大変使命感の強い方で，お休みをとることが苦手なのですが，介護のこともいろいろ工夫してもらって，先週末，3日間のおうち入院を実行してもらいました。「寝倒しました」とご本人は言っていたので，もう少しこのままの状態で，並走してサポートしていきたいと思います。個別ケースは以上です。

その他の情報ですが，会計担当のFさんが，YouTubeで尺八の演奏映像をアップしていて，結構見られているそうです。私も見ていたら，Fさんの後ろに，うちの会社のロゴがさりげなく見える背景を使っていて，うちの宣伝にもなっている感じです。社長も年頭のあいさつで，個人の趣味を充実してほしいとお話しされていましたが，趣味を持つことはメンタルヘルス的にも，とても良いことなので，ぜひ，社長も一度ご覧いただき，本人を励ましていただくと，他の方々にもいい影響が及ぶかもしれません。

社長：そうか。それは良いことを聞いた。早速見てみるよ。ありがとう。

この事例の報告では，リスク対策で問題になりそうなものを報告していますが，もしそのような事例がない場合，うまく対処，予防できた事例を報告します。うまくいった事例は，メンタルヘルス実務者等の努力の結果であるにもかかわらず，トラブルになっていないがために，周囲にも認知されないからです。うまくいったケースの場合は，具体的にどのような問題があり，どのような心身の状態だったのか，それに対して，どういうケアができてうまくいったのか，を端的に説明します。

またメンタルヘルススタッフによるケアだけでなく，従業員同士の助け合いがあった場合は，トップ・上司だけでなく，できれば広く広報したいものです。ただ，その際は，相談者や当事者の味方になり，信頼を得て，情報を使うことの了解を得ることが必須です。トップ・上司への報告の場合は，実名・事案についてはそのまま報告してもいいでしょう。ただ，個人の心理面の細部やプライバシーに関する内容は伏せます。また，それを啓発に使う場合，通常はかなり加工して，本人が嫌な思いをしないよう十分な配慮が必要です。

事案対策時でない，つまり穏やかな通常の場合は，メンタルヘルスは本流ではないという認識を忘れず，上司やトップには，このように大きな流れさえ理解してもらえばいいのです。これを怠ると，トップはつい情報のインプットの多い部署の活動だけに意識が向き，メンタルヘルス業務への配慮が次第に薄くなっていきます。ただ，事案対策のときは，積極的に意見を発信しましょう。心理的な特性をよく知らない上層部だけでいくら議論しても，良い対処案は生まれません。しかも，メンタルヘルスへの対応の良否が企業の存亡にかかわる時代です。

トップや上司に価値観を変えてもらうには

大企業や地方公共団体のトップや上司は頻繁に代わるので，その人の価値観が変わらなくても次の人事を待つことができます。ところが中小企業などの場合トップが代わらないため，少しでもトップの価値観を緩めていきたいものです。

価値観を変えるには身近な事例を活用したディスカッションが有効であることは先に紹介しましたが，トップにそれに参加してもらうことはなかなか難しい状況が多いようです。トップの価値観を変えるにはやはり個人的に情報提供を積み重ねるしかありません。ただ結果論から言うと，トップが本当に困るようなメンタルヘルス関係の事案が発生した場合，トップの意識が大きく変わるよいきっかけになるものです。事案対象を上手にこなすことでメンタルヘルスの必要性も理解してもらえますし，トップの信頼を得ることもできます。ただそのような事案がない場合は，地道に啓発活動をしていくしかありません。

しかし喫緊の問題でもない，メンタルヘルスの啓発のためにトップの時間を取ることは，通常非常に難しいことですし，トップの心情も余りよろしくありません。そのためにも定期報告などのすでに時間が確保されている枠を使って，テーマを絞った啓発活動をすると良いと思います。例えば，世の中の変化のテーマです。社員の募集や，業務意欲という側面から，介護ストレス，育児ストレス，リモートワークのストレスなどを，社会の動向をデータや図で説明するといいでしょう。先に触れたように企業内の本音情報を交えるとより説得力が増します。また，世の中が注目する事件や事故があった場合，それに関連する情報としてリスク対策を含めたメンタルヘルスの知識を提供しましょう。そのようなテーマは，企業トップ同士の会話の中でも出てくるので，トップも関心を持ってくれます。そこで，ほかの企業，団体の情報を提供するのも効果的です。もし，トップが関心を持ってくれれば，トップ同士の交流で何か有用なヒントがあれば，教えてほしいと依頼すると，トップもさらに関心を深めてくれるでしょう。

このような地道な努力のほかに，トップの価値観や態度を変える有効な方法があります。それは，黒船を使うことです。一般的な施策の検討のためでも，事案対応のためでも，いくらメンタルヘルス実務者が優秀で，専門的な優れた案を出しても，上司にとっては自分の部下，無意識のうちに自分の経験，考察のほうが上という認識を持ってしまうものです。ところが，外の権威者から同じことを言われると，急に態度が変わることが多いのです。内部発信は弱いのです。そのためにも，部外のいわゆる偉い先生とのつながりを育てて，助けてもらうとよいでしょう。

もう一つ，奥の手があります。それは，メンタルヘルス実務者自身が，企業の外から認められるような活躍をすることです。実務者自身が権威になると，トップや上司の態度も変わります。筆者の下園は，経験も積んだメンタルヘルス実務者でしたが，自衛隊内での発言力は，大きくありませんでした。ところが本を書き，学会に呼ばれ，マスコミに出ると，急に発言力が増したのです。現代社会では，ネットなどの活動により，部外から認められる可能性はより大きくなっています。企業内で「理解されない」と腐っているより，外に活路を見つけるのも一つの手です。

リサーチの使い方

トップや上司に提案するときに，心理テストやアンケートなどに基づくデータで説明すると効果的な場合があります。その際は，説明したいことが上手に伝わるようなデータの取り方，あるいは分析・表現の仕方をしなければなりません。既存のアンケートや心理テストをそのまま実施しただけでは，伝えたいことが伝わりにくい，あるいは逆の印象になることさえあるのです。

以前はある程度客観性のあるデータを取るためには心理テストの知識や質問の選定，アンケート用紙の作成・実施・回収・分析など非常に多くの労力を要しました。また時間もかかるのでなかなかタイムリーな反映が難しかった面がありました。現在は社内SNSをはじめとしてインターネットを活用したさまざまな手段と，コンピューターを活用した簡単な分析ができるので，以前に比べて簡単にデータ化することができるようになってきました。その分，何を訴えるために，誰に，どんなデータをとるか，そしてそれをどう評価していくかという分析を充実してほしいのです。

例えば，担当者が漠然と今のメンタルヘルスの事業が有効かどうかを確認したいために，数項目のアンケートを取ったとしましょう。そもそも感情・疲労の３段階の区分でいえば，全体の７割は１段階。つまりメンタルヘルスケアを必要としない人達です。そういう人達を対象にメンタルヘルスの効果をアンケートしても，あまり良い印象を期待できません。そのような目的のときは，ターゲットをまず心理テストなどで，第２・３段階に絞り，そこを対象にアンケートするか，実際にメンタルヘルスサービスを受けた人に調査するのがよいのです。

また，何も数字だけが説得力を持つわけではないので，サービスを受けた方からの声をまとめておき，それを加えて紹介すると，より説得力が増すでしょう。例えば，相談を受けた人，その家族，その上司。そのほかにも，退職者，メンタル不調からの復職者，部下指導のためのコーチングを受けた方，などの生の声を武器にします。

少し癖のある上司，リーダーへの接し方

企業で活動するときにはどうしてもトップや上司の指導の下で動かざるを得なくなります。トップや上司の価値観や考え方に左右されてしまうところが少なくありません。ここで少し癖のあるトップや上司に対応する方法をご紹介しておきましょう。

1つ目は何事も掌握したがるトップやリーダーです。メンタルヘルスには守秘義務があり，その前提で相手は自由に話してくれるのです。しかし，従業員の考えを100%知りたいと思うトップやリーダーが，メンタルヘルス実務者に，相談内容を話しなさいと強要してくる場合もあります。プライバシーの項目でも紹介しましたが，ある程度の情報は組織として共有していないと，個人を具体的にサポートできない部分はあります。しかしそれを超えて何でも自分が掌握したいと感じる上司に対しては，メンタルヘルス実務者は，ある程度嘘をついても情報を絞り，個人を守らなければならないと思います。もし本当にトップがその情報を必要とするなら，それはメンタルヘルス実務者ではなくほかの部署から収集してもらえばよいのです。カウンセラーなどに相談したことがメンタルヘルス実務者からすべて上司に伝わっているという噂などが広がると，それ以降のメンタルヘルス業務が非常に難しくなってきます。

またトップでなくても中間層のリーダーでも，部下のことをすべて知りたがる上司はいるものです。自衛隊など，部下の内面を把握することが上司の仕事の一部だと認識されている場合は特にその傾向が強いようです。そのような方々には「リーダーには知らないでいる勇気が必要」という啓発教育をしていきます。個人の悩みの中でリーダーが知って配慮して改善できる部分もあれば，リーダーが知っても何もできない部分もあります。むしろ後者の方が多いものです。誰だって後者の悩みに関してはあまり職場には知られたくないものです。例えば上司が自分の悩み，例えばセックスレスの悩みや，子どもの不登校，妻に内緒にして借金をしたこと，あるいは会社にバレたら少しトラブルになりそうな軽微なミスなどをしたと想像してもらい，それを自分の上司に知られたいか知られたくないかと自問してもらうのです。

一方もし相談できずに悩みが大きくなりパニックになってしまうと，心理面でも実務上でも問題が大きくなってしまう可能性があります。それを避けるためには，上司が知らない間にメンタルヘルスのサポートを受けられるシステムが重要になるのです。それを可能にするのが，上司の「知らないでいる勇気」なのです。

メンタルヘルス実務者が対応に困るもう1つのケースが，メンタルヘルスについてあるいは心理的配慮のセンスが乏しく，仕事で時間もないにもかかわらず，やたらとメンタルヘルスに関心がある上司です。このようなトップ・上司に関しては，その方のアイデアはきちんとお聞きすることが必要です。最初から「それはできません，効果が期待できません」などと否定的な意見を言うと，逆に上下関係で，実行を迫られてしまう場合があるからです。「効果がないな……」とか「実情に合わないな……」と感じても，いったんは聞き，それを少し実行して見るのです。もしかしたら本当にうまくいくかもしれません。そのときはそう報告すれば，さらに上司はメンタルスヘルス業務の推進を強くサポートしてくれるでしょう。少し実行してうまくいかなかった場合は，きちんと事例として報告するのです。そして大きなアイデアには感謝し，「あとはメンタルヘルス実務者で細部調整して現場に合わせていきます」と説明します。

いずれにしても，熱心さだけは大切に受け取ることが重要です。

第８章のポイント

- ストレスチェックの実施後，対応は高ストレス部署に問題解決を丸投げしない
- 相談窓口は相談できるプラットフォーム（直接面談・電話・メール・SNS 相談等）の役割や期待値を適切に考えて導入する
- 相談自体に抵抗がある層には，カウンセリング体験会を実施して効果を体験してもらう
- 施策を計画・実行する際はその施策が発するメッセージに注意する（裏メッセージ）
  （例）「生命を大切に」を掲げると「死にたいと思う自分はダメな人間だ」と感じる人も
- 「言い出せる知識，雰囲気，きっかけ」の醸成が重要
- 啓発教育のポイントは
  ①ターゲットを明確にする　（例）疲労の第２段階の人への疲労３段階モデルを教育する
  ②徐々に対象とバリエーションを拡大する　（例）第１段階の人に対して元気のない人への声掛けと話の聞き方教育（MC3）
  ③１回で終わらせず回数を増やして定着させる
  ④教育の際には事例紹介を入れることでより理解が深まる
  ⑤効果測定は早急にしない（人事は遅効性，継続性）
- 社員の価値観の修正はメンタルヘルス業務の大きな目標の一つ
  （例）長時間労働，休日労働は当たり前，男性の育児休業，うつ病患者は心が弱い……
- メンタルヘルス実務者はトップや上司がメンタルヘルス施策を進める決断の支援をする
- トップや上司への事案の報告，定期報告を積極的に実施する

第9章 個別事例対応のコツ

本章では，メンタルヘルス実務者が事例対応するときの注意事項について，解説していきます。

本書冒頭でも触れたようにメンタルヘルス関係のトラブルが生じると，その対応のために上司やトップはかなりの労力と時間を割かれるばかりでなく，事態が悪化しそれが世の中の注目を集めるようなことになると，まさに企業の存続にかかわる問題に発展しかねません。メンタルヘルス実務者が適切に活動することによって，そのような事案の悪化を予防できるのです。

第2・3段階の心理特性に十分配慮する

1つ目のポイントは，感情の第2・3段階にある人の心理特性を理解したコミュニケーションをするということです。ここについては第3・4章で十分にお伝えしたつもりですが，事案対象の観点でもう一度触れておきたいと思います。

人は，感情の第2・3段階になると，理性より感情，特に不安や恐怖，怒りなどのネガティブな感情が優勢になります。そして，これ以上傷つきたくないという思いから何事もネガティブに，被害妄想的に受け取るようになります。一方，自分を守るために攻撃的な側面も出てきます。そのような方に対して，新人社員の指導のように，法律や倫理・論理で対応すると，うまくいきません。両者が対立構造，つまりまるで戦っているような構造になってしまうことがあるのです。こうなると企業側の方もかなり感情的になって，収拾がつかなくなります。以前なら弱者である個人の方が泣き寝入りすることが多かったのですが，発信力を持つ現在では，個人が会社の存在を脅かすような事態が生じうることは，先にお伝えした通りです。そのような関係に陥ってしまった当事者を孤立させればさせるほど，当事者は企業外の誰かと繋がり，企業を攻撃するようになってしまいます。

法律や論理でいたずらに攻めていくと，窮鼠猫を噛むのように本人の攻撃性が非常に強くなってしまう場合があります。筆者の下園は元自衛官ですが，「相手を追い詰め過ぎては相手の反撃を招くので，攻撃の際は必ず逃げ道を作っておく」という戦闘のルールを学びました。それと同じです。

相手の感情の先鋭化を避けるためには，コミュニケーションスキルを持つメンタルヘルス実務者等が，当事者の「味方」にならなければなりません。誤解のないように解説すると，本書でいう「味方」は，なんでも賛同する「味方」ではなく，心理面の孤独さをいやす存在のことです。当事者の苦しい状況や環境をとにかく共有するのです。実際には企業側の従業員ですが，「あの人だけはわかってくれている」と思ってもらえるような関係性を作っておくと，その方が極端な心理状態になることを予防できますし，現実的な交渉を企業と行う際の窓口になることもできます。お互い言っていることが感情的で，コミュニケーションが成立しない場合でも，メンタルヘルス実務者が，お互いの感情や気持ちを整理して伝え返すことによって，「通訳」的な役割を果たすこともできるのです。

また，第2・3段階の感情は一定ではなく波があるものです。ですから当事者があるときにAという発言をして，企業がそれに合わせた対応をしても，1週間後にはBという意見になることもあります。企業側はそれを非難しますが，残念ながら第2・3段階とはそういうものなのです。むしろそのことを受け入れながら対応することで，ようやく相手が企業側に心を開いてくれるのです。では，Aと言う意見があってもしばらくは動かない方がいいのか，というとそうでもないのです。第2・3段階の人は大変苦しくて一刻も早く，少しでも明るい状態になりたいので，大変焦っています。企業が全く動かないとまた怒りが強くなってしまいます。大きな結論が出ない場合でも，今，企業がどのような対応をしている段階なのかを細かく情報提供していく必要があります。

また，第２・３段階は，同じことに２倍・３倍傷つき，それが記憶として定着してしまう状態です。もし交渉事が暗礁に乗り上げている場合は，交渉相手に嫌な記憶が定着している場合があるので，担当者を変えるとうまくいく場合があります。国際紛争でなかなか交渉が進まないときに，交渉ルートを変えるという常套手段があるのと同じことです。

担当者が自分の正義を優先しすぎない

セクハラ・パワハラなどの被害者の話を聞くと，加害者のことを許せないという想いが相談を受けた人の心の中にも広がります。このときに，「その人を救いたい」ということより「企業を変えなければならない」という方に，正義感のエネルギーが向く場合があります。また，セクハラ・パワハラの場合は，こう対応しなければならないというルール的なものがあり，それを正確にやろうとし過ぎてしまう場合もあります。

一番大切なことは，傷ついているその方の意向を尊重することです。例えば，セクハラなら被害者本人はただ，加害者に謝ってほしい，と思っているだけにもかかわらず，周囲が正義感や決まりに従って事を大きくし過ぎると，被害者が何度も事情聴取を受けたり，どうしても公に知られたりして，逆にその企業にいられなくなる，などのことが起こります。もう一度強調しますが，守るべきは被害者のメンタルです。周囲の正義感を満たしたり，それを利用して企業改革を図ることの優先順位を，決して個人のメンタルケアより上にしてはいません。

個人支援では周囲への説明が非常に重要

メンタル不調者を適切にサポートしようとすればするほど，実は周囲の人たちはそれを不満に思う場合があります。メンタル不調者は第２・３段階になっており，いわゆる性格が悪い状態，かつ能力的にも低下した状態で勤務していることが多く，周囲はそれでかなり迷惑をこうむっていたりするからです。

そこで事案対応のときやメンタル不調者の復職支援の場面では，当事者の周囲の人たちに対してのケアが非常に重要になってきます。これが十分でないと，不安や不満，不公平感などが，結局そのメンタル不調者への対応となって表れてくるので，今後その職場の雰囲気が非常に危ういものになってしまったり，メンタル不調者のストレスとなってしまうのです。

では，どうすれば周囲の人のケアができるのでしょう。話を聞くことでしょうか。それも重要かもしれませんが，一番は，メンタル不調者に関する情報を提供することなのです。今の当事者は，例えば３段階のどの状態で，どういう思考，どういう能力状態，どういう苦しさがあり，どんな行動をしがちか，それに対してどのような治療を受け，会社としてはどう対処しているのかという情報を伝えるのです。その上，もし当事者と接触するような場面がある人たちであれば，接触するときの注意事項や心構えなどを伝えるとよいでしょう。どう対応すればいいかわからない，という不安や恐怖は，それだけでその人に対する潜在的な不満になってしまいます。

この情報提供が成立するには，まずメンタルヘルス実務者等が当事者（メンタル不調者）に情報開示の許可を得なければなりません。情報開示することによって，当事者の今後の職場での活動をより円滑にすること，周囲の人たちのストレスを避けられること，周囲の人たちから適切な支援をもらえることなどの利点を説明します。さらに情報開示をする人を限定し，どのような情報をどう説明するのかという具体的な言葉レベルまで調整することで，ようやく安心してもらえるようになります。これを当事者の周辺に本人を守るための籠を作るという意味で「バスケット法」と呼んでいます。バスケット法ではまず本人と自己情報の開示について調整した後，周辺の人にプレゼンします。そしてそのプレゼンのときの状況をもう一度当事者にも伝えていきます。このバスケット法は一回やって終わりというものではなく，できるだけこまめにやることが重要です。

人は情報があると落ち着けるものですが，情報がないと勝手に被害妄想のイメージを膨らませてしまうからです。周囲の不安は情報提供で抑えていくということを覚えておいてください。

ケーススタディ

最後にメンタルヘルス実務者が，個別の支援をするときに特に注意を払うべきケースについて対応のポイントを紹介したいと思います。

メンタル休職者の職場復帰支援

まず，メンタルヘルス実務者が，最も多くかかわるケースである，メンタル休職者の職場復帰についてです（詳しくは，巻末資料（p.231）参照）。

復職支援は，メンタル不調の復職支援だけでなく，産休などの復職支援もあります。ここで紹介するポイントを応用しながら支援してください。

復職支援の大変さと大切さ

メンタル不調からの復職は，回復過程なので，楽なものとイメージするかもしれませんが，大きな間違いです。怪我のリハビリもつらいものですが，メンタル不調からのリハビリは，とてもつらく，最悪死にたい気持ちと戦いながら進めていく人も多いのです。昔から「うつは治りかけが怖い」と言われていたのは，この時期に自殺する方も少なくないからです。

最近は，その大変さを厚生労働省なども認識し，「心の健康問題により休業した労働者の職場復帰支援の手引き」マニュアル（https://www.mhlw.go.jp/stf/seisakunitsuite/bunya/0000055195_00005.html）が作られ，復職支援を丁寧にサポートしてくれる病院なども増えてきました。ただ，まだまだ企業における復職は難しい作業だと筆者らは思っています。

というのも，職場復帰は，たとえると，骨折したプロ野球の選手が，１軍でまた先発ができるまでの道のりです。その間，医療に頼るのは前半だけで，後半のほとんどは，チームに戻って自主練，２軍，１軍補欠，そしてようやく先発になるのです。後半の部分のサポートは，野球ならチームのコーチが，メンタル不調なら職場のメンタルヘルス部門と，職場の上司や同僚がサポートしなければなりません。

20年前までは，職場復帰はほとんど当事者だけの努力によるものでした。今は，先に触れたように，前半部分はかなり手厚いサポートが得られるようになったものの，後半部分は，その企業に任されたままです。職場復帰は，メンタル不調の従業員を戦力に戻すというだけでなく，この作業がうまくいかないと，「言い出せる雰囲気（p.162）」を作れなくなります。いったんメンタル不調になった従業員が，休んだものの，その後は元気になり活躍し，それを企業は認めている，という事例が増えないと，どうしても「言い出せる雰囲気」が醸成されません。ですから，メンタルヘルス実務者は，この復職支援にぜひ力を入れてほしいのです。

一方，一人のメンタル不調者の復職を支援するのは，かなりの労力になります。また，復帰するのに最短で数週間，長い場合は数年かかります。それを一人で支えようとするのではなく，メンタルヘルス部門や職場の上司・同僚を巻き込んで，チームとして活動しましょう。

復職の波と３要素

メンタル不調者の回復は，図９のように，大小の波を打ちながら回復していきます。特に疲労の第２段階のときの波は大きく，一時的には以前の元気な状態に戻れますが，翌日には死にたい気持ちが生じるぐらい落ちるのです。そして，徐々に明るい時間が増えますが，それでも，本当に治る直前ぐらいまで，まだ死にたいぐらい落ち込むこともあるのです。一方，波の上のほうでは，笑顔も出て，その時間も長くなってきているので，周囲は「もう治った」と思っていますが，まだ，死にたい気持ちもある本人は「全く治っていない」と思っており，周囲と大きなギャップが生じるのです。

また，回復と言ってもすべての要素が同じペースで良くなるのではなく，要素ごとにばらばらに回復していきます。復帰支援に際しては，３つの要素の回復の差を知っておくべきです。

- まず，エネルギーの回復
- 追って（遅れて），記憶・思考の癖の回復
- 追って（遅れて），自信の回復

最初に回復するのがエネルギーです。嫌な対象からきちんと距離を取り，睡眠をとっていれば，エネルギーが回復してきます。次に回復してくるのが，記憶・思考の癖です。第３段階でつらい思いをしたことが，記憶になって染みついています。またうつ的思考がまだ強く残っているのです。この要素は，ただ休んでいるだけでは回復しません。慣れが必要になるのです。ですから，

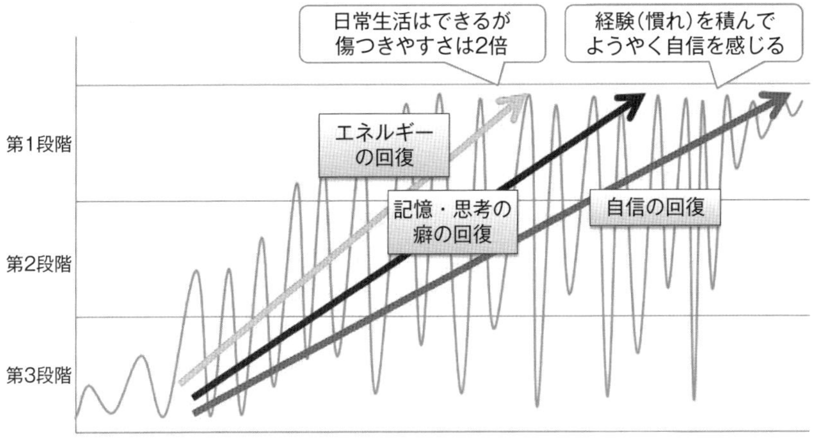

図９　３つの要素の回復

※ p.43の疲労の３段階の図４では疲労がだんだん蓄積するイメージで下に第１段階，上に第３段階で表示していますが，この図９では回復過程の「だんだんよくなっていく」というイメージに合うように下を第３段階，上を第１段階に表現しています。現場の説明では論理よりイメージを大切にします。

「完全に治ってから出勤してくれ」と言う上司がいますが，それは無理なことです。野球にたとえると，けがをした後，ただ休養させ何の練習もさせず，「完投できるようになったらチームに戻す」と言っているようなものです。この記憶・思考の癖が緩んでいくためには，職場や人間などの刺激に少しずつ慣れていくプロセスがどうしても必要になります。

そして最後に回復するのが自信です。疲労の３段階では，とにかく自信がなくなっているのです。

- 自分は仕事ができない，価値がない
- 自分自身の体と気持ちをコントロールできない
- 自分は一人で，誰も自分のことを理解してくれない，居場所もない

という過剰な思い込みがある状態です。

自信の回復には，記憶・思考の回復以上に経験（慣れ）が必要です。帰ってからテレビを見る余裕が出てきた，大きな不調の波が来なくなった，苦手な人でも話せるようになった，新しい仕事をやろうかな，と思えてきた，などの変化によって，自然と感じるのが自信の回復です。

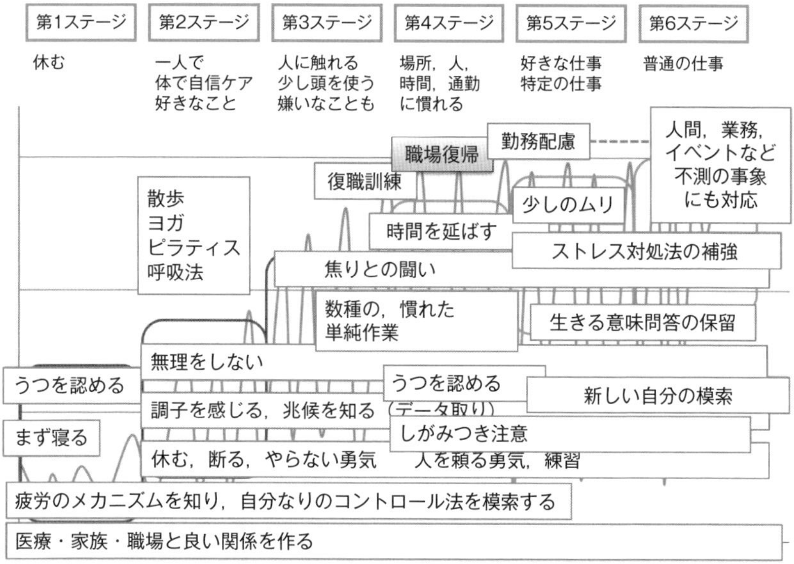

図 10　社会復帰の 6 ステージ

復職支援の 6 ステージ

職場復帰までのおおよその時間とプロセスをイメージしておくと支援しやすくなります。

メンタルレスキュー協会では，休業～回復までの過程を 6 つに分けてその特徴を紹介しています。図 10 では，各ステージは最短 1 カ月です。しかし現実には，1 つのステージに半年かかることもあるし，このプロセスを行きつ戻りつする場合も多く，6 ステージが終わるのに，通常およそ半年，長い場合で数年かかります。

メンタル不調者は，長引く不調に焦りが強く，将来を悲観しやすいものです。実務者は，経緯表（p.76）を使いながら，今，回復過程のどこにいるのかをこの 6 ステージに当てはめて説明します。またその説明は周囲の人の理解と安心も促進します。

復職のタイミング，「主治医の判断」の考え方

復職支援において，メンタルヘルス実務者は，通常主治医や産業医と連携をとることが多いものです。このとき，p.144 でもお伝えしましたが，主治医の意見を妄信しないことが重要です。主治医は患者の病態についてはよく知っているでしょう。しかし，復職の判断は主治医にとっても大変難しいものなのです。例えば，ある人が足のけがから回復し 50 センチ，ジャンプできるようになったとします。その人が「あるハードルを越えられるか」という問いに答えるには，そのハードルの高さを医師が知らなければなりません。つまり，復職すべき職場の状況について知らなければ，復職判断はできないのです。

ところが，通常医師は一人に十分な時間をさけません。患者の職場をリサーチすることなどできないのです。そうなると患者から聞くしかないのですが，患者は，復職を焦っているか，逆に怯えているかの状態です。感情の色眼鏡で職場の状況を伝えるでしょう。さらに多くの医師は，患者個人を企業の圧力から守ろうとするため，企業より患者の意向を重視します。例えば，医師が「だいぶ良くなってきているようだけれど，復職する自信はありますか？」と聞いたとき，患者が「いえ，まだ完全には戻っていないので復職はまだ自信がありません」とか「復職のことを考えると，急にまた落ち込んでしまいます」と答えたとします。そう言われた医師は「そうですか，ではもう 1 カ月様子をみましょう。診断書にはその旨書いておきますので，受付でもらってください。次は 2 週間後にまた来てください」と返すことが現実的には多いものです。

また，主治医はせっかく良くなっている患者の状態を大切にしたいため，できるだけリスクを避け，安全に復職を進めたいと思っている方が多いようです。

一方，会社には就業規則で決められている休職期間などの制限もあり，休職が長引けばメンタル不調者には，退職のリスクも生じます。患者中心の思考だけでなく，会社からの視点も考慮しなければならないのです。復職のタイミングに完全なものはありません。やってみないとわからない部分が大きいのです。おそらく主治医は，良いタイミングを提示してくれるでしょうが，それも絶対ではないのです。

また，会社のことをよくわかっているはずの立場の医師が産業医ですが，産業医も現実には通常企業にいる時間も少なく，会社の仕事の細部は知らない人が多いのです。ですから，休職の間も医師任せにするのではなく，メンタルヘルス実務者等が定期的に休職者と面接し，職場復帰の適切なタイミングを検討する必要があります。現場感覚で「もう復職した方がいいのに」とか「まだ復職は早い感じなのに」と感じたら，メンタル不調者本人を通じてメンタルヘルス実務者の意見を主治医に伝えてもらうか，主治医と直接連絡を取り，職場での情報を提供するとともに，主治医の判断の根拠を聞くといいでしょう。良い医師は，客観的な判断ができるように，情報を求めているものです。

コラム

時には背中を押してあげる

著者の伊藤は１年くらい休職が続いている女性社員の担当を，前任者から引き継いだことがあります。その女性は一口で言えばとてもまじめなタイプで，自分の理想の姿がとても高い人でした。周囲からは十分パフォーマンスをあげているという評価だったのですが，残業が続いて疲労が蓄積していたときに，プライベートで彼氏と別れることになったことが重なり，自分はだめな人間だというネガティブ思考がつのり，休職することになったのでした。

休職して１年たった現在の日常の生活を聞いてみると，彼女は復職に向けて着々と準備を進めており，朝は決まって６時に起床して朝食をとり，そのあと入念にストレッチを行い８時には軽いジョギングをしながら 5km はなれた公立の図書館まで行っているというのです。睡眠も薬は飲んでいるものの６時間は取れているとのことでした。正直，自分よりよっぽど健康的な日々を送っているなと思いながら，「で，お医者さんは何て言ってるの？」と聞いたところ，「自信がないなら，まだ職場復帰は早いかも……」と言われました，という答えでした。

私は「今の段階で自信が持てないのは誰だってそうだよ。自信は復職しないと回復しないと考えよう。復職後のサポートも私や職場のメンバーがするからね」と伝えるとともに，図９（p.205）の３つの回復ラインを説明しました。すると，その日から３週間後には復職することができ，再発もせずその後も元気で働いています。

復職する上司との調整

休職者の復職が本格化するとき，メンタルヘルス実務者がぜひやった方がいいことがあります。それは，復職して復帰する部署長や上司との事前の調整です。

上司の中には，完全に回復したから復職の診断書が出たのだろうと思い，「戻ってきたらバリバリ仕事をしてもらって，ぜひ以前の自信をとりもどしてもらおう」という，方もいらっしゃいます。完全な善意からの発想ですが復職者にはつらい環境になってしまいます。復職前の上司との面談の中でぜひ伝えたいのは，復職する社員は100％回復しているわけではないということです。復職時のエネルギーのレベルは３段階蓄積疲労でいえば，第２段階疲労の上のあたりであることを知ってもらいます。ここでも３段階蓄積疲労モデルや復職の３要素が企業内共通語になっていると便利です。

それでもピンとこない上司には，比喩を使って説明しましょう。

「○○さん（上司）は骨折したことありますか？　骨折するとひどいと入院してギプスをしますよね。そしてしばらくしたら退院します。でも，ギプスはそのままで松葉杖での生活がしばらく続きます。そんな状態でも会社には来るようになるのですが，今度復職してくる方も，そんな状態だと思ってください。まだまだ完全ではないのですよ」。

このような説明をすると，復職する方への過度な期待も薄れて，復職からリハビリ的な勤務を通して回復までスムーズに進みやすいのです。

できればリハビリ制度を整えておく

あなたの企業には復職支援をサポートする制度はあるでしょうか。例えば，リハビリ出勤制度と呼ばれるものですが，文字通りリハビリとしての通勤を行うことができる制度です。企業ごとに作る制度なのですが，大きく２種類あります。

1つ目は，実際に通勤することができるかを試すことを支援する制度で，「試し出勤制度」と呼ぶ会社もあります。記憶・思考の癖の回復，自信の回復を目指す中の，最初のハードルが，通勤であることが多いので，その部分だけまず慣れていこうという狙いの施策です。狙いはとてもいいのですが，実際の制度では結構難しい問題も生じます。まず，通常まだ休職の期間に，つまり多くの場合無給の期間に進める制度ですが，無給なので通勤費は自腹になります。また，通勤途中で事故があった場合の補償のトラブル（労働災害保険の適用にはならない）にもなりかねません。復職前はまだ疲労の第2段階で，集中力もなく事故にも遭いやすいものです。さらに，どの時点で帰るのかや，毎回のチャレンジの成果をどう評価し，次につなげるのかなど，かなり丁寧なサポートも必要になります。復職支援用の人材がいればいいのですが，メンタルヘルス実務者が対応するとなると，かなりの業務量になってしまいます。

リハビリ出勤（試し出勤）は制度化せずとも，やり方をお伝えして，休職の範囲内で，職場ではなく行きたいところへの移動の練習をすることでもいいでしょう。図書館やショッピングセンターなどに通う人もいます。また，病院や公共施設にあるリワーク施設を活用することでもできます。

もう一つは，復職後に支援するためのリハビリ出勤制度です。手続き上休職が終了した後のサポートです。タイプは3種類あります。

①　時短型（数時間で毎日出勤）

②　フルタイム出勤型（フルタイムで，例えば3日／Wの出勤）

③　リモートの活用

④　①②③の合体型

導入のしやすさから言えば①の時短型（フル出勤）でしょう。フル出勤とは月曜から金曜までフルタイムで勤務することです。これは育児時短勤務を導入している会社であれば，その適用範囲をメンタル不調者の復職者にまで拡大できれば容易に可能なのではないでしょうか。給与支給基準もそのまま使えます。しかし，復職した人の話を聞くと，最初の数カ月は通勤時間も含めて時短勤務だけでは結構つらかったという人がかなりいました。現場の肌感覚では①よりも②のフルタイム仕事をしてでも，休みの日が多い方がいいと感じている人が多いように思いました。ただ，この②は休職して間もない社員とはいえ，それなりの仕事をしてもらいたい企業としては，ちょっと不便に感じるかもしれません。休日が多いと職務上のコミュニケーションに支障がでる可能性があるからです。

また最近，特にコロナ以降はリモート出勤も普及してきたので，リモートでの勤務を上手に取り入れてリハビリを進めていくケースも増えてきました。通勤を避けられる，朝早くないというだけでも，復職者にとってはとてもやさしい復職になりやすいので積極的に活用すると良いでしょう。

リハビリ出勤制度の理想は，復職者側からすれば個人の状態に応じた④合体型でしょうが，どこまでそこに近づけるかはメンタルヘルス実務者と経営層の考えになるのでしょう。制度を作る,変えるのはとても大変なことですが,その後の多くの不調者のために，チャレンジしてみる価値のある作業です。

パワハラ，セクハラ予防・対応のコツ

ハラスメント防止教育（疲労が怒りを生む）

メンタルヘルスケア教育と並んで，ハラスメント防止教育も各企業で実施していることと思います。これも，企業のリスク対策として実施しなければならない大切な施策の一つです。

例えば一般的なハラスメント防止教育の内容は,「馬鹿やろう」「辞めちまえ」「死んでしまえ」「くびれがすてきだね」「結婚しないの？」などといったNGワードや行動の紹介,「電通事件」といった過去の裁判の判例紹介,「7秒待ちましょう」といったアンガーマネジメントといった対処法などの解説が中心となっているでしょう。

ここで気になるのはハラスメント，特にパワハラ防止教育は，どうしても「あれはだめ，これを言ってはアウト」と，管理職の方々に制限をかけるニュアンスが強いものになりがちということです。最近はこの傾向が強くなっているので「部下との対話の仕方がわからない」「どこまでが指導でどこからがパワハラなのかわからない」「部下との対話が怖くなってきた」という声が聞かれるようになっています。管理職といえども人間です。イライラすることもあるでしょうし，我慢ばかりしていると爆発してしまうこともあるかもしれません。そのときに使える概念が，セルフケア教育でお伝えした蓄積疲労の３段階のモデルです。

p.43の図4の第2段階疲労のところに「イライラ」というワードがあることにお気づきでしょうか。皆さんにも経験があるかもしれませんが，人間は疲れがたまってきてエネルギーが落ちてくると，イライラしてきて，普段なら我慢できるようなことでも他人にあたってトラブルになります。エネルギーの低下というと，どんどんパフォーマンスが落ちて元気がなくなる，とイメージしがちですが，疲労の第2段階では「怒り」を表現するエネルギーがまだ残っている状況です。しかし，怒りはかなりエネルギーを使う感情です。怒りを爆発させたあとに，がっくりと落ち込んでしまう，あるいは自責の念に駆られ苦しくなることはよくあります。

また，第2段階は，傷つきやすさも2倍です。もしかしたら，パワハラを受けた方が何らかの原因で，第2段階にいたのなら，いつもならスルーできることが，とてもつらい刺激と感じられたかもしれません。パワハラを「悪者が攻撃した」と単純にとらえると，悪者を懲らしめるしかありません。ところが疲労の3段階モデルで考えると，さまざまな対処法が見つかることがあります。

【第2段階疲労トラブル事例】

食品スーパーに勤務しているNさん（30歳・女性）は，総菜部門の主任を任されることになりました。この部門に限らず，食品を扱っている関係上，衛生管理はもちろん，安全作業なども細かくマニュアル化されています。Nさんは500以上にも及ぶマニュアルをすべてマスターしており，パート従業員の人たちからも頼りにされる存在でした。そしてNさんはその能力を認められ，3カ月限定ですが，基本作業動作確認のプロジェクトの一員に命じられたのです。この会社は首都圏に70店舗ほど展開しており，そこに行って対象となるパート従業員に教育指導をします。

このときのNさんの1週間のタイムスケジュールは，日・月曜日はお休みで，火曜日はもともと勤務していたホーム店舗で内勤作業，水曜から土曜日まで各店舗での教育でした。教育のある日は開店（ほとんどが10：00）の2時間前に入店して，教育の準備を30分くらいやって，開店までの1時間30分でまず1回目の教育指導を行います。そして同じ1時間30分の教育をあと13：00と15：30に，二度，合計一日3回の教育を実施する，というものでした。Nさんの担当した店舗は，いずれも通勤できる範囲だったのですが，毎回はじめての経路で緊張するし，遅れてはいけないので，現地に朝8時に到着するためにかなりの早起きをする日が続きました。また電車でも1時間以上立ちっぱなしになることが多かったのです。Nさんの指導はとても丁寧で，ポイントをついているので，研修後の受講者の評判はよく，研修後の無記名の受講後アンケートでは，5段階評価の4または5の評価が多く，感謝の言葉を最後に言われて，Nさんもモチベーション高く仕事をしていました。

1カ月たったころ，Nさんの体に変調が現れ始めます。最初は朝，起きるのがとてもつらくなったところからはじまりました。Nさんは早く眠ればいいだろうと思い，好きなスマホゲームをやるのは止めて，夜の10時には布団に入って電気を消しましたが，疲れているのになかなか眠れません。だいぶたってから，うとうとし始めて朝を迎えますが，何だか寝たのか寝ていないのかわからない感じで，その日の研修場へ向かっていました。

そして2カ月がたったある日，研修をする店舗を間違ってしまう，という大きなミスを犯してしまいました。その日は午前中に移動して何とか午後の2回分の研修はできましたが，待っていたお店の店長から厳しく注意を受けたのは言うまでもありません。入社して8年たちますが，これまでにもミスはありましたが，これほど厳しく言われたのは初めてだと感じてかなりのショックを受けました。その日以降，布団に入ってから急に不安になって，明日（実際には日付が変わっているので今日）の訪問先のお店を何回も確認するようになりました。そして，本人はそのとき気づいていなかったようですが，教育の内容も少し変わってきており，うまくできないパートさんがいると，これまでは丁寧に一度見本を見せてから指導していたのに，「もう一回やってみて」とつっけんどんな言い回しになってきました。そうなると，教育の場の雰囲気も変わります。パートさんはほとんどがNさんより年長ですので，「なによこの子，何様だと思ってるのよ！」となってしまいます。受講後アンケートもこの頃には5段階の3以下ばかりになっていました。

ある日の火曜日，ホーム店舗で1週間の報告書をまとめるため，パソコンに向かって仕事をしていたのですが，そのそばで休憩中のパートさんが数名で楽しそうに話しているのが気になって仕方なくなりました。そして，その話のピークで大笑いの声が聞こえた瞬間に，Nさんの中で何かが切れてしまったのです。突然立ち上がって，大きな声で「うるさい！　静かにしてください！　私が今仕事しているのわかってるでしょ！」と叫んだのです。これまでのＮさんの人となりを知っている方たちばかりなので，Ｎさんの豹変ぶりには皆びっくりしました。この後，Ｎさんは椅子にがっくりと崩れ落ちて泣き続けたとのことです。

上のケースをパワハラの観点で見てみると，まず，Ｎさんが遅れてしまったとき，店長に強く叱責されました。これをＮさんがパワハラと訴えることもあるでしょう。次に，Ｎさんが周囲の人に切れてしまったとき，周囲の人がＮさんからパワハラを受けています，と訴える場合も想定しうるのです。このように疲労が蓄積すると，小さい刺激に大きく傷ついたり，イライラを一気に爆発させ，周囲を傷つけてしまうことがよくあります。

幸い，Ｎさんの場合は理解のある人たちが多かったので，大きなトラブルにはなりませんでしたが，Ｎさんのようなケースが，もしパワハラとして取り上げられると，関係者はかなりの作業を強いられますし，パワハラした方，された方もその後に職場内で良かれ悪しかれいろいろな変化にさらされるものです。Ｎさんのケースの場合，パワハラとして扱うより，疲労の問題として扱った方が，おそらく本人，企業のためになるのではないでしょうか。

そこで，パワーハラスメント防止のための教育に，ぜひ，この疲労のコントロールの視点を入れていただきたいのです。そして，このハラスメント防止教育も，全従業員を対象に行う必要があると感じます。一般的に，ハラスメント関連の教育は管理職教育の一つとしてとらえられがちですが，ハラスメントによるトラブルは上司・部下という関係の場に限らず，同僚や２～３年の差の従業員間でも起きます。あるいは上下を逆転しても生じます。正社員とパート・アルバイト間，派遣社員間などでもよく起きます。全員が理解しておかなければならない時代になりました。この教育が行き渡ると，パワハラのような事象が発生したときの対応も変わってきます。

この疲労とハラスメントの関連について教育を受けた従業員が，上司から厳しい指導を受けてへこんでいる，という相談を受けたことがあります。筆者は，少しびっくりして，どうして落ち込んでいるのか，話を聞きに行きました。具体的にどんな指導内容で，どんな言い方だったのかをヒアリングした後，その従業員は「以前はそんな言い方する人じゃなかったんですけどねぇ。結構，疲れがたまってきて疲労の第２段階になっているのかもしれませんね」と言ったのです。この時私は，当初のパワーハラスメントのトラブル対応ではなく，その職場の仕事上の問題点への対応に変換することにしました。パワーハラスメントのトラブル案件対応はどうしても当事者同士の感情トラブルへの対応となり，言った言わない，そんなつもりはなかった，など双方の調停をしたり，最悪人事異動になったりと面倒なことになります。

一方で，仕事上の問題（仕事の質，量の問題）の視点で対応する場合は，アプローチが全く変わってきます。パワハラをした方，受けた方，双方がもしかしたら，職場のストレス問題という視点からは共通の被害者の関係になり，協力して問題を解決しようとする仲間にもなりうるのです。

また，パワハラをしたとされる上司とも「疲労」というワードでヒアリングができます。もしかしたら，その上司は仕事の大変さだけでなくプライベートなどの問題を抱えていることがわかるかもしれません。そして，「最近のあなたの大変さがわかった。実は周囲の人から最近のあなたの様子がいつもと違って心配している，という相談があったんです……」という文脈で，疲労に対する対処法を一緒に考えることができます。被害を受けたとされる従業員へも「上司の○○さんにもちゃんと伝えたので，しばらく様子をみてほしい。また，何か問題があれば連絡ください」と伝えることができます。疲労に着目したパワハラの教育は，加害者・被害者といった対立構造を，お互いをケアしながら仕事をしていくという新しい構造に変える可能性があると信じています。

被害者への対応（ルールと正義感で走ってはいけない）

セクハラ，パワハラは，昨今特に世の中の注目を集めています。世の中の正義感の力は強く，企業の対応が不十分だと，隠ぺい体質だと非難され，企業存続を脅かすぐらいに大きなうねりになることもあります。またこのテーマには，国がきちんと対応してくれつつあり，法的にもいろいろな施策が整備されてきました。ただ，現場としてみると，その「正義感」と「対応ルール」が必ずしも，被害者を守ることにはなっていないケースが少なくないのです。日本大学アメリカンフットボール部の薬物，暴力問題が発覚し，悩んでいた部員たちは救われたようにも思いますが，アメフト部は解散し，アメフトをやる機会を失いました。相撲部屋のパワハラ事案も，相撲部屋解散で，相撲をやめる力士もいます。

あるセクハラのケースです。

上司からセクハラを受け，悩んでいたのですが，勇気を出してセクハラ相談窓口に相談してみました。先輩女性の相談員が，親身に相談に乗ってくれたのはいいのですが，「そんな男は許せない，セクハラは大問題，ルールに従い上に報告しなければならない」と興奮気味です。彼女がやめてくださいとお願いしたのですが，「会社のためです」と結局，翌日には上層部の耳に入り，それがうっすらと彼女の周りにも伝わってきて，なぜか数日後には問題の上司も知っており，逆にいろいろな面で嫌がらせを受けるようになったのです。さらに，1カ月もしないうちに，その上司が転勤になりました。そのあいさつの中で，「自分は介護の親を残し転勤，大変苦しい状況になる，これは，自分の不徳の致すところではあるが，心無い人の一言で人生は変わる，皆さんも恩知らずにならないように」と明らかに女性を非難した言葉を残したのです。その数カ月後，その女性も，会社を辞めることになりました。

個別ケアをするとき，常に目的を意識しなければなりません。セクハラ，パワハラを撲滅したい，という目標なのか，その方を救いたい，という目標なのか。たとえ今の被害者につらい思いをさせても，企業の改革や企業防衛を重視するのか，企業改革に直接つながらなくても，個人を大切にするのか。

私たちは，まず被害者を救うこと，を第一優先に考えたいと思っています。被害者を救えば，被害者の感情は次第に治まり，それを社会に発信しなければならないとも感じなくなります。結果として，企業改革はそれほど進まないかもしれませんが，弱っている方シフト（p.123）です。具体的には，相談を受けたとき，被害者が本当に望むことをきちんと聞きます。単にその行為をやめてほしいというだけのことから，その人から離れたい，謝ってほしい，あるいはその人を絶対罰したい，という場合までいろいろなのです。さらに，それを達成するため，現実にはいろいろな方法があることを教えてあげます。そしてその一つひとつを，社会人の経験から現実的にシミュレーションして，利点も欠点も含めて本人が納得して選択できるようにサポートするのです。

このとき，もう一つだけ注意するべきことがあります。現実的対処として，その人と離してあげるという対応をとることがあるのですが，「同じビルにいると思うだけで出勤できません」という方もいます。はじめてそういう反応にであうと，「それは極端だろう，ハラスメントというより，この人の問題なのではないか」と感じがちです。

ここでも，感情・疲労の３段階の理解が役に立ちます。ハラスメントを受けていたとき，被害者は感情・疲労の第３段階にいたことでしょう。第３段階は，記憶が強く発動する状態です。そこで体験した危険は，３倍の危険として記憶されてしまいます。その記憶は，徐々に薄れていきはしますが，一生残ることもあります。３倍の危険記憶をよりわかりやすく比喩的に表現すると，「獰猛なトラ」や「殺し屋」の恐怖です。トラがいるビルには近づきたくありません。殺し屋と目が合ったら，逃げ出してしまいます。それが，ハラスメントを受けた方の反応なのです。ですから，「もう５年前のことでしょう」とか，「そこまでひどい奴ではないから……」などという客観的な判断で接すると，被害者の方を余計に苦しめてしまいます。

理解できない人への対応

個別支援をしていると，数年たっているのにパワハラ上司を見ただけで出社できなくなる，などのように「理解できない行為・人」と遭遇します。理解できないと，個別ケアの大切な要件である「味方になる」が難しくなります。実は，理解できないという背景には，必ず「自分なら，普通なら」という尺度があるのです。その尺度に比べて，強度，内容，継続時間などが違うから，理解できないと感じます。

発達障害という精神科の区分があるのですが，これも，「一見理解できない反応があるが，それは○○○○という特性だと解してほしい。特性なので，それを変えようとはせず，むしろそこに合わせて対応してほしい」という概念を私たちに普及してくれました。この発想は素晴らしく，特性（変えられないもの）だと思うと対応する方も腹も立ちにくくなるし，それなりの対応の方法も見えてくるので，不安も少なくなります。結果として本人のストレスも少なくなるでしょう。

ただ，そのためには発達障害の特性を理解するべきですが，特性にはかなりのバリエーションがあり，また言葉で表現しても，その程度や雰囲気は伝わりにくいものです。発達障害だけでなく，パワハラをしたのに開き直る人，LGBTQ＋で悩む人，成功しているのに自信がない人，統合失調症，会社を食い物にしている人，昼から酒を飲んでいる人，必要な連絡を取らない人，相手がつらいと言っているのに攻撃を続ける人など，特性を勉強して対応したくなるのですが，一般的な特性を把握しても，個別状況で変化が大きいので，あまり理解の助けにはならないことが少なくないのです。

そこで，もしそのような理解ができないケースに当たったなら，その時点でネットなどで特質を検索し勉強するとともに，具体的にその人にいろいろ聞いて，教えてもらうといいのです。このときもMC3のスキルがとても重要になります。他の大半の人から否定的な表情や受け応えを返されているなか，MC3を使って，大きくうなずきながら興味津々で聞いてくれるあなたには，その方もきっといろいろ教えてくれるはずです。どうしてそう感じるのか，ある程度深く聞いていくと，たいがいの場合，なるほど……と思えるような理由や体験があるものです。それを見つけられないときでも，とにかく彼はそう感じる，ということを「特性（変えられないこと）」として理解してください。

では，どれぐらい深く理解すればいいのでしょうか。その方の特性に応じた支援を細やかに提供する立場，例えば，医師，看護師，ヘルパー，家族，カウンセラーなどは，かなり深く理解するべきです。しかし，メンタルヘルス実務者は，そこまで理解する必要はありません。「会社の中にも，なんとか話が通じる人がいる」そう感じてもらうレベルになればいいのです。その方を支える「味方」の一人。少なくとも「敵ではない」という感覚を持ってもらえれば十分です。

また，つい，教育や医療的発想の癖で，その人を「変えよう」「社会適応させよう」「成長させよう」と考えてしまいがちですが，変われないものを変えようとするのは，身長の低い人に，身長を伸ばせと常に言い続けているようなものです。相手も苦しいし，言い続けても相手を変えられない自分にも無力感を感じます。この行き詰まり感を緩めてくれるのが，疲労の３段階の発想です。その人の特性を変えようとするのではなく，疲労の３段階の状態を改善しようと考えてください。先の，「理解できない人」は，その特性を抱えているので，大変苦労して生活しているものです。つまり疲労の第２・３段階にいることが多いのです。疲労をコントロールして，今の２・３倍に増幅しているつらさを２・１倍に緩めることならサポートできます。

本質のつらさの質を変えることができなくても，「障害を抱えながら生活するつらさ」を緩めることはできます。医療や心理学からの専門的支援ではないかもしれませんが，本人にとってはとても重要な助けになるのです。

パワハラをした人への対応（支援）

セクハラ，パワハラについては，世の中が大変厳しい目を向けるようになってきました。いったんハラスメント認定されてしまうと，企業をやめてしまう方も少なくありません。一方で，そのような方は，能力が高くバイタリティーに溢れ，企業のエンジンとして大活躍してきたというケースも少なくないようです。企業としても，何とかその人を矯正して，企業の戦力として戻ってきてほしいと思うものです。

そんなとき，メンタルヘルス部門に，その矯正の依頼がくることがあります。確かに，アルコール依存の治療や犯罪者へのプログラムなどのように，悪い行為を変えるための方法がないわけではありません。しかし，パワハラについては，簡単に周囲の人が期待するような効果は上がらないと考えた方がいいでしょう。というのも，パワハラをした方は，自分は正しいことをしたと認識しています。今回も企業のため，社会のために行ったと自負している人がほとんどなのです。何が正しいかどうかは，価値観の問題です。その価値観を変えることは，かなり難しい作業です。

また，パワハラをした方の今の状況を考えると，その困難さが一層際立ちます。その人は過去に企業に大きな貢献をし，今回も企業のために，みんながやらないからやったと思っているのです。そんな人が，貢献してきた企業から，パワハラ認定された，ということは，企業に裏切られた，という認識を持ちます。それも大好きな企業から，裏切られたのです。これは大惨事です。さらに，その後の自分の人生にも大きな汚点が付きました。

このように，パワハラ認定された方は，今，感情的に第３段階になっていますし，その後の聴取や配置転換などを受け，疲労の第３段階に陥っている可能性も高いのです。その第３段階の方に，考え方や行動を変えろ，というのは効果が薄いということは，これまでも何度もお伝えしてきました。矯正，つまり変えるアプローチは，何とか平静を保っているその方を，さらに傷つけてしまう行為になるのです。

とはいえ，企業の希望，要求もわかります。そこで，パワハラした方の支援をする際は，目標設定が重要になります。私たちが，そのような支援をするときは，まずは自殺させないこと，企業に恨みを持って行動させないこと，というリスク管理からの目標を重視します。そのためには，誰かが味方になって感情を吐き出してもらいます。感情が収まらないと，自殺や扇動などの極端な行動につながりやすいからです。一見企業の望む矯正とは逆の方向での支援のように映りますが，感情が収まってこそ初めて，冷静に自分の行為を分析できるものです。ある程度の時間をかけて，味方の関係性が築けたら，一緒に人生の立て直しを考えます。

とはいえ，価値観はそう簡単には変わりません。

- 目標のベストは，残って心を入れ替え企業の力になってもらう。

本人の疲労の度合いが軽く，企業から裏切られた思いが小さい場合なら，今回の出来事を冷静に受け止め，自分の価値観を修正しつつ，企業に適応できることが多いものです。

ただ，重い処罰を受けた場合や，本人のプライド（自信）がかなり傷ついたとき，なかなかそのショック状態（感情・疲労の第2・3段階）から抜けられないときなどは，次のように現実的な目標を立てて，支援します。

- セカンドベストの目標としては，お互いある程度妥協（納得）して会社を辞める。
- 避けたい目標は，だらだらと低い意欲のまま企業に残る。
- もっと避けたい目標（結果）はリスク管理目標の，自殺する。辞めて祟り神化する。
- さらに避けたいのは，現職で自殺する。現職に残って祟り神化する。

最悪を上手に避けるには，セカンドベストを狙うぐらいのつもりがいいでしょう。たまたまベストの目標にたどり着けばラッキーです。いずれにしても，バランス感覚がとても重要になります。一人でそのバランスを図るのではなく，できればトップ，上司，メンタルヘルスチームで共通認識を得ておきたいものです。

優秀な若者が消耗するケース

Z 世代と呼ばれる若者たちの中からも，メンタル不調を訴える人が増えてきているように感じます。Z 世代は生まれたときからデジタル機器に触れて育っている世代で，SNS によるコミュニケーションは普通で，ネット情報を上手に使いこなせる技術にも長けています。そんな彼ら彼女らと話していると，とても向上心が強く，グローバル感覚も持っているので，働く場所は日本以外の国にも目を向けていますし，ダイバーシティを尊重するので多様な価値観を認める寛容性も持っていることがわかります。

そんな彼ら彼女らが小中高そして大学と順調に進んできた（適応してきた）のに，どうして社会人になって比較的早い段階でメンタル不調になってしまうのでしょうか。じっくりと話を聞いて見えてくるのは，成長したいという欲求がとても高い人が多い，ということです。成長欲求が高いのはとてもポジティブな面が大きいように見えますが，それは裏を返せば，まだ成長できていない自分といつも一緒にいることになります。成長を感じられるイベントがある程度の期間ごとに起きてくれればいいのですが，ビジネス場面では必ずしもそうはいかないこともあります。そうすると理想の自分と今の自分とのギャップに耐えられなくなります。そのギャップを埋めようと自己啓発に励む人もいます。自己啓発のツールには Z 世代には事欠きません。皆に読まれている本は，精読しなくても本の要約サイトを使えば，何冊でもスイスイ読めます。カリスマ講師の人気動画サイトも 1.5 倍速，2 倍速でみればタイパ（タイムパフォーマンス）もいいです。そのうち，彼ら彼女らは知らず知らずのうちに疲労がたまってメンタルダウンしてしまうのです。

こうした人への対処法はこれまでお話ししたことと同じで，疲労に対するケアをします。この世代は若いのでエネルギーの回復はかなり早く進みます。ただ，ここで注意したいのは，元気を取り戻して職場に戻ったとしても，以前と同じように理想の自分を追い求めてしまい，また同じように疲労困憊してしまうことが多いということです。そうならないために，休職中の定期面談の中で必ず，理想の自分像をテーマにして話し合うことにしています。

「継続した成長には限界があると思わないかい。あなたは子どもの頃からずっと成長という坂を登り続けてきたよね。これまでは順調だったけど，会社に入ってその坂がちょっと険しくなってきたよね。そうすると疲れながらも，頑張って登って，へとへとになって，今は登るのを止めている段階なんだと思う。長い階段をイメージしてほしい。階段には踊り場が必ずあるよね。あなたは今踊り場に立ち止まってしばらく休んでいるときなんだよ」と比喩を使いながら現状を共通認識として持つアプローチをします。

そして，今いる踊り場での過ごし方として3つの提案をします。

①これまで歩いてきた階段（下）を踊り場から見てみよう（自分が無理をして疲れたことを再認識してもらう）

② 10段くらい降りてそのときの出来事を再体験する（嫌なことを思い出しても大丈夫なように慣れる）

③そして，復職してもしばらくは踊り場で一生懸命生きてみること

踊り場で生きるということは，理想の自分を明確にしない，とも言い換えられますが，そんな生き方はしたことがないZ世代は戸惑うことでしょう。そんなとき私は「将来の明確な目標なんてなくても，つべこべあまり考えこまず，今，目の前の仕事に集中することを目標にしてみるのはどうだろう。それを続けていけばこれまでと一味違った自分が必ず見えてくる。周囲のあなたを見る目も変わってくると思うよ。ネットの世界にあるキラキラした成功者ではなく，地に足がどっしりと根付いていて，しかもちょっとした抵抗にも容易に折れない柔軟な考えを持った自分って，かっこいいと思うけど，どう？」と伝えてみます。

これはキャリアコンサルティングで必ず学ぶ，ジョン・D・クランボルツ先生の「計画された偶発性理論」を元に考えたアプローチです。再発を防ぐためには，やはり以前とは違った自分が必要でしょう。かといって学校教育ですりこまれたキャリア志向（自分は何をしたいか，何を目標とするかを早い段階で決めることで進路がみえてくる）を一切なくすこともできないでしょう。ここでは，視線を遠くに持っていかないで，目線を落としたところに目標を持つことをすすめるのです。この考えが腑に落ちてくれた方は，結果として本人や企業にとってもいい効果がでてきている例を，私たちは多く知っているのです。

30・40代のストレス

最近特に思うのが，30代から40代のストレスの増加です。それ以上の年

代の方からは，想像がつきにくいのであえてここで紹介しておきます。

50代・60代の方は，10年〜20年前にご自分の経験した年齢なので，ここでも「自分なら，普通なら」という発想で評価してしまいますが，時代の流れが速く，おそらく自分たちのときとは全く違うストレスを抱えて生活しているのです。

１つは，出産年齢の高齢化です。昔は20代で第１子の出産を迎えることが多かったのですが，いまでは30.7歳です（厚生労働省，令和３年統計）。出産は大変体力を使うライフイベントです。しかも，今や働く女性が普通です。働きながら，親の支援も受けず，夫も当然働いている。いわゆる「ワンオペ育児」が増えています。出産の何がつらいかというと，一番は睡眠不足に陥ることです。睡眠不足は蓄積疲労が悪化する一番の原因にもなります。そして，妻だけではなく，夫の育児参加が普通になると，夫も同様の過労と睡眠不足に陥りやすい時期なのです。

30代・40代は，出産の前に結婚という課題があり，キャリアの問題でも悩みます。仕事も責任を与えられ，負荷が強くなる時期です。さらに，AIの進出や経済の変動，感染症や自然災害にも備えていかなければならないという将来不安も大きくなっているのです。

「若者は，希望に溢れている」とか「結婚出産はおめでたい」「若いときは，休むことや楽をすることを覚えるのではなく，鍛えるとき」など，企業やメンタルヘルス実務者のあなた自身に，そんな価値観が強いと，30代・40代の苦しさを見逃してしまうことになります。そして，50代・60代の先輩から，そんな苦しみは当たり前，と言われると，第２・３段階になって自信が低下し自分を責めている若者は，自分の努力が足りないのか，と一層自分を責めて，人に助けを求めなくなってしまいます。ぜひ，30代・40代にも注意を向けてあげてください。特に，結婚，出産に際しては，周囲はかなり意識してサポートしてほしいと思います。

50代以降のストレス

同じように案外見逃されがちなのが，50代以降のストレスです。これも時代の影響を受け，年金は心もとなくなるし，退職しても働くのが普通になってきました。会社に残っても，役職は下がり，給料も低くなる。また，介護などの負担，子が30代になっても動揺が続く子育ての不安なども重くのしかかります。そういうストレスに対し，警戒しながら生きている方はまだいいのですが，危ないのは，これまでの50年の人生，困難はあったが，能力とやる気で成功を収めてきている方々です。定年延長に伴い，自分の働き場所や評価が変わることは，初めての挫折体験になるかもしれません。これまで，困ったことがないため，人に頼るスキルも，諦めるスキルもないのです。そういう方が，会社で周囲の人のお荷物になっていくことはメンタルヘルス実務者として避けたいものです。

では，どうすればいいのでしょう。そのような先輩に，自制論を説いても響きません。パワハラと同じように，ルールや倫理を伝えても，「そんなことは君に言われなくてもわかっている」と反感を持たれます。また，リラックス法や考え方の訓練も，「とても大切なことだが，僕には自分なりのやり方がある」とあまり興味を持ってもらえません。

そういう方には，本書でお伝えしてきた疲労のコントロールと価値観の修正でサポートします。これまで元気で働いてきた人ほど，疲労の3段階のイメージがありません。一方で，体力がなくなっていることは事実ですし，介護，退職が近づくにつれての環境の変化など，ライフイベントが増えることも予想されます。コロナや地震など，大きな変化のとき，疲労のダメージを受けるのは中高年です。そこで，疲労の3段階の概念を教育してほしいのです。できれば，50代でうつっぽくなった事例などで，しっかりイメージアップさせてあげてください。

さらに，皆さんには若者のストレスケアをお願いしたいという文脈から，先に触れた30代・40代のストレスとその対処法を伝えるのも効果的です。子どもがいる方は，自分の子どものサポートもしながら，熱心に聞いてくれます。

もう一つ有効なのが，価値観を揺さぶる機会です。価値観の啓発教育のところでもお伝えしましたが，年配者のストレスのほとんどは，「自分たちが若い頃は」「本来は……」「普通は……」という自分の尺度（価値観）との比較で生じる苦しさです。いろいろなテーマ，事例での討議が有効です。時事問題などをテーマにしたディスカッションでも結構です。揺さぶることが目的なので，合意や成長は必要ありません。本音をぶつけながら，自分の価値観に少しでも気づいてもらうと，自己コントロールが始まります。

家族や遺族への対応

最後に，家族や遺族への対応についてお話ししておきます。個別の対応では，メンタル不調者本人への対応が中心だと思われていますが，これまでも紹介したように，周囲の方へのフォローがとても大切になります。周囲の人が本人のストレスになるか，助けになるかでは，大きな違いが生じます。家族も周囲の人の重要な一部です。家族が本人のストレスになっている場合，大概が感情的なコミュニケーションによって対立が増幅されていることが多いものです。話をしようとしても，お互いが遮るので，本当に重要なことや感情が伝わっておらず，どちらも被害者の感覚になっていることがほとんどです。

従業員が家族について困っているときは問題の家族への対応を，従業員本人と一緒に考えてあげましょう。どうしてそんな言い方をしたのですか，などと非難するのではなく，つらい思いをしている従業員の味方になります。すると次第に冷静になり，家族へも落ち着いて対応できるようになることが多いのです。そのようなケースの場合，家族そのものと交流し，仲を取り持つこともあります。ここでも，例えば金銭問題でこじれているなら，金銭問題そのものを解決するところまででなく，「過剰な敵意，警戒心，被害妄想がなく，本質が話しあえる状態にする」ことが，目的です。問題すべてを背負い込んではいけません。

また，企業の規定等で，メンタルヘルス実務者が，どこまで活動していいのかを制限されている場合があるので，そのチェックは必ず行っておきましょう。スタンドプレイは嫌われます。

また，従業員が疲労の第２段階にあるとき，職場では表面飾り（p.44）をして元気そうに振る舞っていても，家で暴力をふるったり，死にたいなどと言いながらアルコール乱用をしていることもあります。そんなとき，家族からの一報があれば，協力して適切な対応をとることができます。メンタルヘルス実務者や産業医の名前で，家族にお手紙やメールなどを差し上げ，何かあったら連絡してもらえるような体制を作るといいでしょう。家族向けに動画を作成し，どんな人が対応してくれるのかがわかれば，家族も情報提供しやすくなります。

また，従業員が家庭内で暴力や自傷行為等を行うことへの対応に疲れ切ったご家族への対応をしなければならない場合があります。このようなご家族にとっては，会社に出勤さえしていたら「とりあえず安心」という気持ちが強くなっています。さらに，こんな子どもになったのは自分たちのせい，という強い自責も持っています。一方で会社としては，メンタル不調者の一時避難場所として考えられることには一定の NO を言わなければならいことも発生します。特に，現場からその従業員の問題行動への対応に苦慮していると不満を言われるような場合です。

メンタルヘルス実務者としては，難しい位置に立たされることになりますが，ここでも弱っている方（従業員とご家族）へのシフトを心掛けてください。従業員とご家族の話をしっかりと聞き，味方になります。時にご家族から「会社が子どものメンタル不調を悪化させた」と強く言われるかもしれません。そう言われると攻撃されたと感じて，その言動を否定する応対になり両者の関係は溝が深まるばかりです。そんなときは，ご家族も疲労の第２・３段階であることを思い出してください。このゾーンにいる方は第１段階のときのような合理的な思考で納得することはできないのです。メンタルヘルス実務者はそのことを踏まえたうえで「そうお考えになることもわかります。しかし，われわれも困っているのです。何とかいい方法がないか一緒に考えていきませんか」とお伝えします。その上で会社としてできることと，できないこともしっかりとお伝えします。このままでは両者ともに不幸になることを共通認識とした上で，対応策を一緒に考えるのです。

また，万が一自殺が発生したり，事故で従業員を亡くすようなことがあると，家族は大変動揺します。今でも人事などがきちんと家族支援（対応）をしているところがほとんどだと思いますが，ぜひその際もメンタルヘルス実務者が加わるといいと思います。大切な家族を失った人は，惨事後の感情の第３段階にいます。理性が効かない状態です。こちらの発言を裏メッセージ（p.92）にとりやすい状態でもあります。その際のコミュニケーションいかんで，不要な炎上につながる危険があります。通常企業側は，真摯な態度を示したくて，データなどを含めながら，論理的に説明しようとします。しかし，論理が通じない第３段階の家族は，その態度を「必死に言い訳をしている，企業防衛に走っている」と悪い方向に受け止めることが少なくないのです。

また，企業は一般的に，情報を伝えると悪いように運用されることを恐れ，情報を隠しがちになります。ところが,「情報がない」という現象を家族は「隠している」と受け止めるのです。裁判を恐れ情報を隠すと，余計に裁判になる可能性を高めます。今ある情報を丁寧に，隠さず，こまめに提供し続けるのが，情報提供の際の重要なコツになります。一度説明したから終わりでは，家族の気持ちは収まりません。また，第３段階なので，感情の波が激しいのです。「もう二度と顔を出さないでください」と言われたことを，完全に守ろうとすると，「あれから何の連絡もない，どうなっているの」という事態につながりかねません。

決してその一貫性のなさを指摘するのではなく，そうならざるを得ない苦しさのほうに目を向けてあげてください。MC3を最大限活用し，苦しい家族の気持ちに共感し，企業との橋渡しの役割をするのがメンタルヘルス実務者だと思います。ご家族自身の心のケアをするつもりでサポートしていると，味方になることができ，家族の感情も次第に落ち着いてきます。

第 9 章のポイント

- メンタルヘルス実務者が個別ケアで対応するのは本人だけでなく，周囲の人も含まれるが，多くの場合，周囲の人も疲労の第 2・3 段階にある。全員の味方になるバランス感覚が重要。MC3，うつの知識，スキルを使って支援する。
- 復職支援はメンタルヘルス実務者として，支援する機会が多いので，知識と経験を積んでおきたい。復職の波，回復の 3 要素，復職支援の 6 ステージを理解し，リハビリの現在地を明らかにする「経緯表」を使った支援が有効。
- セクハラ，パワハラ対応については，実務者の「正義感」を優先せず，本人の希望を重視した対応をする。セクハラ，パワハラの被害者，実施者ともに，疲労の第 2・3 段階にあることを前提に対応する。
- 実務者が「理解できない」と感じる人に対しては，事例対応する機会ごとにそれぞれの特性を勉強して理解を広げるとともに，ここでも感情・疲労の 3 段階モデルの視点からその方の状態に応じた支援をする。通常は「指導・教育」の視点ではなく，うつ対応を優先すると上手くいく場合が多い。
- 若者のうつ，出産・育児のストレス，50 代以降のストレスなど，今の時代特有のストレスについてそのつらさの実態を知っておく。
- 事故や自殺，などの惨事にあった社員，家族，遺族に対するメンタルケアは重要になる。MC3 のスキルやうつの知識がある実務者がかかわると，個人と組織との不要なトラブルを避けることができる。

おわりに

メンタルヘルスに関する業務に携わる方に対して，筆者たちのこれまでの経験を通して，「実践で使えること」をテーマに一冊にまとめました。

改めて通観してみて，この業務の難しさや奥深さを感じています。読み終えた皆さんの中には，この業務の手ごわさだけが印象に残り，なかなか一歩を踏み出せなくなった方がいるのではないかと心配しています。私たちはどうしても正解を求めて生きていくことに慣れてしまいました。正解ほど私たちに安心感を与えるものはありません。正解を求める行動はぶれにくく，何よりその結果に対して非難する人がいなくなるからです。

でも，今の時代にこれが正解だと胸をはって言えることがどれくらいあるでしょうか？　特にメンタルヘルスに関する業務は「人」を相手にする仕事です。「十人十色」という言葉がありますが，十人それぞれの正解が事前に準備されているようなことはありません。目標を立てて，随時修正しながら最適解を求めていくしかないのです。その過程でメンタルヘルス実務者は時に迷い，時に苦しみ，時にとてつもない孤独を感じる瞬間があります。

休職期間満了を１週間後に控えた休職者との面談の中で，「やっぱり僕は復職できないんですよね」と遠くを見る休職者のうつろな表情。パワハラで訴えられた従業員が「会社は私を守ってくれないんですね」とぼそりと言って立ち去って行った後ろ姿。病気で亡くなった従業員のご自宅にお線香をあげに行ったときに，遺影の前でご家族に「夫の死について会社の見解を聞かせてください」と問うてきた奥様の悲しさと怒りが入り混じった表情。従業員の息子さんを自殺で亡くした四十九日の法要の席で，地元の夏まつりに出る山車の壮大さについてずっと説明し続けていたお父様のまなざし。その場面場面で，さまざまな感情が湧き出してきますが，これは他の職には絶対に体験できないものだと思います。この体験は皆さんにとって「自分とは何者か」というアイデンティティの確立をするチャンスなのです。

メンタルヘルス実務者としてのアイデンティティを持った人は強い。メンタルヘルス業務はもちろんのこと，他の業務でもそれは活かせます。肚が座っていてしっかりと地に足のついた仕事の進め方ができるのです。

最後に，メンタルヘルス業務をたった一人で進めようとしないでください。社内に相談できる（ときには愚痴を聞いてくれる）人をつくってください。

著者の伊藤は，数名のチームで運営していたので，なるべくその日に起きたネガティブな出来事を話し合う場を積極的に作るようにしていました。そうしないと，担当者自身がメンタルをやられてしまうからです。さらにトップ層に理解者がいたというのも幸運だったと思います。報告という形式で，自分の気持ちを伝えることができたのです。本書で何度も言っていますが，人間は「味方」がそばにいないと前向きな思考にはなれません。味方になるためには「相談・面談」という場が絶対に必要となります。

相談窓口の設置の章で「言い出せる雰囲気」の大切さをお伝えしました。ここでは第2・3段階のメンタル不調者の相談場面でお話ししましたが，この考え方は元気な方たちにも言えることです。まずはあなたから始めてみてください。誰かにあなたの味方になってもらうのです。中小企業でメンタルヘルス実務者は自分ひとりしかいない，という方もいらっしゃるかもしれません。身近に相談できる人がいなければ，メンタルレスキュー協会の扉をノックするという手もあります。

皆さんはひとりではありません。メンタルヘルスという業務を通して自分を見つめ直している皆さんを，いつでも私たちは応援しています。

〔参考〕

○産業・組織のうつ・惨事対応については，

下園壮太監修／メンタルレスキュー協会著（2018）『クライシスカウンセリング』金剛出版

下園壮太・小野田奈美監修／メンタルレスキュー協会著（2020）『クライシスカウンセリング―戦略的カウンセリングスキルとうつの社会復帰支援　上級編』金剛出版

○ MC3 に関しては，

下園壮太・伊藤　文（2023）『対人援助職のための相談支援スキル図鑑』中央法

規出版

○うつ状態，死にたい気持ちへの対応と復職支援については，

下園壮太・前田理香（2022）『家族が「うつ」になって，不安なときに読む本』日本実業出版社

下園壮太・高楊美裕樹（2023）『「死にたい」気持ちに寄り添う―まずやるべきことしてはいけないこと』金剛出版

○メンタルレスキュー協会

HP　https://mentalrescue.org

■著者略歴

下園壮太（しもぞの・そうた）

メンタルレスキュー協会理事長
元陸上自衛隊心理教官

陸自初の心理幹部として多数のカウンセリングを経験。その後，自衛隊の衛生科隊員（医師，看護師，救急救命士等）やレンジャー隊員等に，メンタルヘルス，カウンセリング，コンバットストレス（惨事ストレス）対策を教育。本邦初の試みである「自殺・事故のアフターケアチーム」のメンバーとして，約 300件以上の自殺や事故にかかわる。

平成 27 年 8 月退職。現在は NPO メンタルレスキュー協会でクライシスカウンセリングを広めつつ，産業カウンセラー協会，県や市，企業，大学院などで，メンタルヘルス，カウンセリング，感情のケアプログラム（ストレスコントロール）などについての講演・講義・トレーニングを提供。著書 50 冊以上。

公式 HP: http://www.yayoinokokoro.net/

伊藤　朗（いとう・あきら）

メンタルレスキュー協会 MRI（メンタルレスキューインストラクター）

1995 年株式会社ニトリ入社。店舗経験を踏んで同社の人事労務系の部署へ配属。メンタル不調者のカウンセリングや労務問題の対応を，特別な勉強もせずにやっていることに不安を感じ，2012 年産業カウンセラーの資格を取得する。
しかし，傾聴だけのカウンセリングでは，適切な支援ができていないという不全感がたまる中で，メンタルレスキュー協会の存在を知る。ここでクライシスカウンセリングを学び，社内のメンタル不調者や事件事故に遭遇してショックを受けた従業員への支援を実施する。MRI の資格を取得後は，社内カウンセラーの育成や従業員間のコミュニケーションの改善についての教育体系しくみづくりを行う。

2023 年定年退職し，現在はフリーで自衛隊の駐屯地のカウンセラーや官公庁主催の研修講師などを務める。

実務者《じつむしゃ》なら知《し》っておきたい

メンタルヘルスの基礎知識《きそちしき》と運営《うんえい》のコツ

組織《そしき》，業務《ぎょうむ》，人材《じんざい》の整《ととの》え方《かた》

2024年12月 1日 印刷
2024年12月10日 発行

著 者 下園壮太・伊藤 朗 著

発行者 立石正信

装丁 臼井新太郎

装画 もんくみこ

組版 古口正枝

印刷・製本 新津印刷

株式会社 金剛出版
〒112-0005 東京都文京区水道1-5-16
電話03（3815）6661（代）
振替00120-6-34848

ISBN978-4-7724-2078-5 C3034